CULTURA & CONEXIÓN

Daniel Strange

CULTURA & CONEXIÓN

Conectando tu fe con lo que ves, lees y juegas

POIEMA
LECTURA REDIMIDA

Mientras lees, comparte con otros en redes usando

#Cultura&Conexión

Cultura & conexión
Conectando tu fe con lo que ves, lees y juegas
Daniel Strange

Traducido del libro *Plugged In: Connecting your faith with what you watch, read, and play* © 2019 por Daniel Strange. Publicado por The Good Book Company | thegoodbook.com.

Poiema Publicaciones
info@poiema.co
www.poiema.co

Impreso en Colombia
ISBN: 978-1-950417-46-9
SDG 232

CONTENIDO

PRÓLOGO

POR TIMOTHY KELLER

Una vez escuché a uno de mis profesores contar una historia sobre Paul Tillich, un teólogo alemán que era muy reconocido en círculos académicos. Cuando mi profesor era joven y miembro de la facultad en un seminario de Estados Unidos, se le dio la tarea de moderar una discusión luego de una conferencia a cargo de Tillich. Los estudiantes empezaron a hacer preguntas, pero en cada una el expositor reformulaba completamente la pregunta, "corrigiéndola" antes de responder.

Finalmente, mi profesor se armó de valentía y le dijo: "Profesor Tillich, esa no era la pregunta del estudiante. ¿Podría responder lo que el estudiante realmente preguntó?". La respuesta que le siguió fue rápida y fulminante: "No, porque no están haciendo las preguntas correctas". Mi profesor concluyó que eso podía ser cierto en parte, pero el resultado de esta táctica fue que los estudiantes se desconectaron y desestimaron a Tillich.

Dan Strange sabe que los cristianos contemporáneos nos parecemos mucho a aquel expositor ineficaz. Creemos que "Jesús es la respuesta", pero estamos tan sordos a las fuerzas culturales que nos rodean que lo presentamos como la respuesta a preguntas que las personas no se están haciendo. Por supuesto, el pecado hace que los seres humanos no nos hagamos la pregunta más fundamental de todas: "¿Cómo puedo yo, un pecador, ser reconciliado con un Dios santo y justo?". Sin embargo, tal como nos muestra Dan en este libro, la imagen de Dios en todos nosotros y la gracia común hacen que las personas sí se hagan algunas preguntas correctas: "¿Quién soy? ¿Cuál es el propósito de la vida? ¿Cómo puedo encontrar gozo y plenitud?".

Cada cultura produce "textos" —cosas que ver, leer y jugar— que se basan en respuestas a esas grandes preguntas. Dan Strange nos muestra, de la manera más accesible que he visto, cómo un cristiano puede hacer un análisis cultural. Es decir, nos muestra cómo identificar en cualquier texto las respuestas particulares de la cultura a esas grandes preguntas. Luego demuestra cómo criticar esas respuestas (a la vez que afirma esas aspiraciones básicas) y finalmente cómo redirigir a las personas hacia Cristo, presentándolo como la verdadera culminación de sus búsquedas y la verdadera respuesta a sus preguntas.

El método básico usado aquí es uno formulado por algunos misiólogos del siglo veinte. El nombre "cumplimiento subversivo" describe perfectamente esta técnica. Los cristianos deben mostrar a miembros de otras religiones y cosmovisiones cómo el evangelio cumple o satisface los anhelos y sueños básicos del ser humano, y a la vez deben criticar a los ídolos falsos de cada cultura a los que la gente acude para satisfacer esos anhelos. El cumplimiento subversivo evita tanto el error del sincretismo como el de la irrelevancia. El pecado no debe ser denunciado en general, sino en las formas idolátricas particulares de cada cultura. La salvación no debe ser declarada en general, sino como el cumplimiento de las esperanzas que todos tenemos (solo que la cultura nos lleva a ponerlas erróneamente en sus ídolos).

En *Cultura & conexión*, Dan Strange toma este método, lo trae al siglo veintiuno y lo hace fácil de usar para todo el mundo. Dan muestra convincentemente que esta es la manera en la que Pablo predicó. Pero esto no se trata simplemente de una estrategia para tener conversaciones evangelísticas (aunque lo es). Dan nos muestra que también es una manera de los cristianos entender el mundo y los textos culturales a los que se enfrentan cada día, para así poder vivir fielmente en el mundo sin ser del mundo.

Más aún, Dan dice que el cumplimiento subversivo debe permear toda nuestra comunicación, ya sea que estemos enseñando, predicando, pastoreando, instruyendo o conversando. Esto significa que nunca debemos atacar a las personas sin tratar de entenderlas, diciendo simplemente: "Tengo razón y tú no". Tampoco se trata de una manera de mostrar lo actual y relevante que es el cristianismo. Implica tanto el respeto como la contradicción. Implica retar a las personas, pero mostrándoles que sus esfuerzos serán inútiles mientras hagan las cosas a su manera. Y significa ofrecerles, bajo los términos del evangelio, lo que todo corazón necesita: un propósito que el sufrimiento no te puede quitar; una satisfacción que no está basada en las circunstancias; una libertad que no destruye el amor y la comunidad; una identidad que no te elude, te aplasta ni te lleva a excluir a otros; un fundamento para la justicia que no te vuelve un nuevo opresor; un descanso de la vergüenza y la culpa sin recurrir al relativismo; y una esperanza que te permite enfrentar lo que sea con serenidad, incluso la muerte.

Hay muchos libros llamándonos a conectar nuestra presentación del evangelio con las necesidades y preguntas de la sociedad secular y pluralista. Y hay muchos otros libros llamándonos a vivir fielmente en una cultura occidental poscristiana, sin retirarnos y sin volvernos parte de ella. Pero este libro nos dice y nos muestra cómo hacerlo. Realmente no hay nada como el libro que tienes en tus manos.

INTRODUCCIÓN

Vivimos en un mundo de información constante.

Solo piensa en tu día hasta ahora. Esta fue mi mañana de hoy...

La alarma encendió la radio: un ministro del gobierno está siendo criticado fuertemente por una política de educación.

Paseo al perro, con mis audífonos puestos, escuchando un podcast de reseñas cinematográficas.

Preparo el almuerzo de los niños con música de fondo, tratando de evitar que nuestro hijo menor le diga a Alexa* que toque la banda sonora de los Power Rangers a todo volumen. (¿Alguien puede explicarme por qué cuando grito: "Alexa, ¡para!", no funciona, pero cuando lo hacen mis hijos ella obedece inmediatamente?).

Reviso una aplicación de noticias: política, economía, deportes, economía, política.

Reviso la aplicación del clima: lluvia.

---

* Alexa es el asistente virtual creado por Amazon que puedes controlar por voz.

Solo llevo unos 45 minutos despierto y ya mis sentidos han recibido todo tipo de información. Los expertos en tecnología han dicho que la cantidad de información generada desde el inicio de la humanidad hasta el 2003 eran unos cinco exabytes de data (un exabyte son 1000000000000000000 bytes). Del 2003 al 2010, hemos generado cinco exabytes más. Para el 2018, el 90% de la data del mundo se había generado solo en los dos años anteriores. Cuando consideras que cada minuto se suben cuatrocientas horas de video en Youtube, no te sorprendes.

CONTAR HISTORIAS

Pero las personas no asimilan la información en forma de bytes. Nuestras mentes y corazones asimilan historias. Ahora bien, cuando digo "historias", no quiero decir el tipo de historias que escuchabas en la escuela, con un principio, un desarrollo y un final (que suele ser bastante predecible). Estas historias son experiencias, sentimientos, imaginaciones e ideas comunicadas entre seres humanos. Las leemos en el periódico, las vemos en el cine, las escuchamos desde nuestras radios, las miramos en Instagram, las enmarcamos en nuestras casas.

Todos nosotros pasamos una buena parte de nuestros días recibiendo y contando estas historias culturales. Investigaciones recientes han mostrado que el estadounidense promedio consume más de diez horas de estas historias por día. Se piensa que durarás más de siete años y medio viendo televisión, y más de cinco años en las redes sociales. Con razón se ha dicho que la mayor competencia de Netflix no es otra compañía, sino la necesidad humana de dormir.

A la vez, muchos de nosotros nos sentimos abrumados por este bombardeo de información, al menos una parte del tiempo. Nos sentimos como el título de la canción que sacaron Rodgers y Hart en 1940: "Bewitched, bothered and bewildered" ("Embrujado, afectado y desconcertado"). Los motores de búsqueda nos han dado acceso a más información que la Enciclopedia Británica (si eres muy joven para saber qué es eso, ¡búscalo en Google!), y a pesar de eso nunca estamos seguros de si tenemos la respuesta correcta.

Toda esta información nos presenta un problema: ¿cómo sabemos qué es verdad? Por esta razón, buscamos alguna autoridad en la que podamos confiar. Por lo general, la mayoría de las personas poseen un deseo profundo de confiar en las personas y en las instituciones. Queremos que nuestros atletas no usen drogas y que los administradores de nuestros deportes no acepten sobornos. Algunos recordamos con nostalgia esos tiempos en los que los niños podían jugar en las calles, y cuando podíamos ir a comprar leche sin tener que cerrar todas las puertas. Pero ahora no podemos ni leer una noticia sin preguntarnos si será falsa. Pareciera que nuestras redes sociales son filtradas por algoritmos o corporaciones siniestras.

A los cristianos se le añade una pregunta más: ¿Cómo podemos saber qué es *correcto*? Como seguidores de Jesús, queremos pensar, hablar y actuar de una manera que honre Su nombre. Queremos "[poner] la mira en las cosas de arriba" (Col 3:2, NBLA), pero la realidad es que la mayor parte del tiempo nuestras mentes están sumergidas en una corriente constante de historias. El problema no es que estas historias culturales sean malas en sí mismas, sino que no estamos preparados para poder entenderlas y colocarlas en su lugar. ¿Cómo se conecta lo que veo el sábado por la noche con lo que escucho en la iglesia el domingo por la mañana? Apenas empezamos a pensar en ello y de repente inicia automáticamente el próximo video. Así que lo usual es que no nos detengamos a pensar.

No soy la excepción, y mi trabajo es pensar en estas cosas. La ambigüedad moral está en todas partes. Hace un tiempo leí una entrevista que le hicieron a Miley Cyrus, la estrella de Disney que se convirtió en un ícono global de la música pop. Por un lado, leí: "Estoy abierta literalmente a cualquier cosa que se haga bajo consentimiento y que no involucre animales ni a menores de edad. Todo lo que sea legal, lo haría sin problema. Puedo estar con cualquiera que tenga más de 18 años y esté dispuesto a amarme. No me identifico como varón o hembra, y no necesito que mi compañero se identifique como varón o hembra". Sin embargo, al final de la entrevista, ella empieza a describir su trabajo de caridad a favor de los indigentes: "No puedo pasar por ahí manejando mi [censurado] Porsche y no hacer ni [censurado]. Lo veo todos los días: gente que anda en un Mercedes, un Rolls Royce o un Uber y pasan ignorando a estos [veteranos] que han luchado por nuestro país, o a estas jóvenes que han sido violadas. Hace solo dos noches estaba haciendo un show... vestida como una mariposa. ¿Cómo es eso justo? ¿Cómo tuve tanta suerte?".[1]

¿Cuál es mi reacción? ¿Cómo compagino la filosofía sexual de Miley con su sentido de justicia social? ¿Me río? ¿Lloro? ¿Me molesto? ¿Me quedo en silencio? ¿Todo lo anterior? O tal vez lo único que puedo hacer es usar un *emoji*: 😩

Un poema reciente de Anthony Thwaite parece expresar lo que muchos de nosotros sentimos. Él describe el poema como "un suspiro cansado de un anciano".

Caramba.
Cuantas veces uso esa palabra en estos días,

murmurándola silenciosamente
o petulantemente mientras suena el teléfono;
sorprendido por alguna noticia
o simplemente como una fórmula constante.
Pues las cosas pasan cotidianamente
y se van a la nada que esta vida parece ser,
día tras día, sin cesar.
Muy suave como para ser algo explícito,
muy repetitiva como para tener distinción,
un suspiro más que un grito de ira.
Cuántas veces digo esa palabra en estos días,
y puede que la diga hasta el día en que muera,
cuando la edad haya desgastado y endurecido todo
y no tenga nada más que decir que: "¿Por qué?".[2]

En pocas palabras, al mirar a nuestro alrededor, tal vez tengamos un póster de "Keep calm and carry on" ["Mantén la calma y prosigue"] en la pared, pero no nos sentimos particularmente calmados, y proseguir se nos hace cada vez más difícil.

TRES REACCIONES

Si llevas tiempo siendo cristiano, es probable que hayas escuchado el viejo cliché de que tenemos que estar "en el mundo sin ser del mundo". Pero ¿qué significa eso? O tal vez has leído el texto donde Pedro nos dice: "Estén siempre preparados para responder a todo el que les pida razón de la esperanza que hay en ustedes" (1P 3:15), pero tienes miedo de que alguien te haga una pregunta porque no sabes qué responder. ¿Qué si fuera alguien como Miley?

Entonces ¿qué podemos hacer? Creo que muchos cristianos responden de una de tres maneras (y el resto de nosotros reaccionamos con una mezcla de las tres).

Algunos solo queremos *escondernos*. Nos resguardamos en nuestros caparazones, manteniéndonos en nuestra burbuja cristiana, esperando a que pase el peligro. Nos tapamos las orejas para no escuchar el ruido que hay afuera, y a la vez cantamos a todo volumen que Jesús volverá pronto y todo lo de afuera va a desaparecer. Hasta entonces, nos mantenemos a salvo de las influencias mundanas leyendo novelas románticas de los *amish* o los libros que publica nuestro pastor famoso favorito. Si estuviéramos recibiendo terapia psicológica, a esta respuesta se le llamaría una "huida" santificada.

Algunos de nosotros *atacamos* instintivamente. Esta respuesta sería una "lucha" santificada. Nos molestamos hasta que se nos pone la cara roja y acusamos con el dedo a la cultura que nos rodea. O simplemente rechazamos toda película que tenga escenas sexuales o malas palabras. En el peor de los casos, nuestra creencia saludable de que debemos discernir nos lleva a juzgar a otros injustamente. Nuestra proclamación de las buenas noticias de Jesús suenan como un discurso rabioso sobre la moralidad. Y luego nos preguntamos por qué las personas que están "allá afuera" no quieren venir a estar con nosotros "aquí adentro".

Pero algunos de nosotros terminamos *imitando*. Sin importar cuál sea la motivación, nuestras vidas —nuestras dietas culturales— son indistinguibles de las de nuestros vecinos, y nuestras iglesias terminan pareciéndose bastante a un club deportivo. Tal vez se trate de un deseo bienintencionado de ser "relevantes". Tal vez sea una reacción a los juicios injustos de muchos cristianos. Tal vez sea una simple indulgencia de nuestra naturaleza pecaminosa. Sea lo que sea, no solemos ser reconocidos como "linaje escogido, real sacerdocio, nación santa, pueblo que pertenece a Dios" (1P 2:9). Nos hemos vuelto expertos en conformarnos a "los patrones de este mundo" a pesar de que se nos ha dado un mandato a que no lo hagamos (Ro 12:2).

Esconderte, atacar, imitar: ¿cuál es la forma en la que tiendes a responder?

¡CONECTA!

Déjame sugerirte otra manera, pues de eso se trata este libro. Es posible "estar en el mundo" en lugar de escondernos, y esto "sin ser del mundo" e imitarlo.

Es posible interactuar con la cultura de una manera que refleje gracia y verdad, no ira y justicia propia.

Es posible consumir cultura sin ser embrujados por ella, sin comprar todo lo que nos vende y sin quedar desconcertados por ella.

Es posible ver televisión o leer una novela o jugar algún videojuego de una manera que alimente nuestra fe en vez de marchitarla.

Incluso es posible que tú —sí, TÚ— seas esa persona que empieza a hablar con un amigo sobre el partido de la noche anterior y termina hablando acerca de Jesús.

Ese es el propósito de este libro: equiparte para eso. Te ayudará a procesar las historias culturales que escuchas cada día. Quiero darte la confianza para que evalúes la cultura y hables sobre ella de una manera que apunte a las personas a una realidad superior: la historia del Rey Jesús y Su plan cósmico para este mundo. Porque no puedes escapar de la cultura. Pero puedes conectar con la cultura.

1

QUÉ ES LA CULTURA (Y POR QUÉ DEBERÍA IMPORTARTE)

Como habrás podido deducir por la portada, este libro es sobre nuestra interacción con la cultura. Pero ¿a qué nos referimos al hablar de "cultura"? Este término es difícil de definir y tiene una historia bien compleja.

La palabra original que se traduce como "cultura" se podía interpretar de tres maneras en latín. *Colere,* que se refería a la agricultura (a labrar la tierra y cultivar). *Colonus*, que tiene que ver con habitar algún lugar. Y por último *cultus,* que tiene que ver con honrar y adorar. Guarda estas ideas por ahora porque luego regresaremos a ellas.

Hoy usamos el término "cultura" de diversas maneras, principalmente como un reflejo de la forma en que se ha usado en varias disciplinas académicas.

LA DEFINICIÓN BASADA EN LAS "ARTES"

En las artes y la literatura, "cultura" aún se asocia con la idea de un gusto refinado y buenos modales. Se trata de *ser* culto. Así que Rupert (también conocido como "Rups"), quien sale a navegar por los ríos de Oxford, le lee cuentos de P. G. Wodehouse a sus amigos antes de ir a jugar al cricket y luego pasa una noche en la ópera, es culto. Garry (también conocido como "Gaz"), quien juega fútbol en el parque y luego cruza por el paseo marítimo de Southend en su Ford Escort para ir a comerse un kebab con una chica que conoció en el club nocturno Tots, *no* es culto... ¡es un plebeyo! Bajo esta definición, hay una serie de cosas que definitivamente pertenecen a una cultura, y cosas que definitivamente no encajan.

Por supuesto, si estás leyendo esto y no eres británico, es posible que no hayas entendido completamente estas descripciones de Rups y Gaz, porque eres de una... *cultura* diferente. Lo que nos lleva a nuestra próxima definición.

LA DEFINICIÓN BASADA EN LAS "CIENCIAS SOCIALES"

Más adelante, las ciencias sociales se adueñaron del término. Aquí la definición de "cultura" es mucho menos elitista y más amplia. Todos los seres humanos *pertenecen* a una cultura, y cada cultura hace su contribución específica. Además, la cultura no se refiere únicamente a una parte de nuestra existencia, como las artes. Más bien, se refiere a todas las actividades y todos los artefactos creados por los seres humanos —individualmente y como comunidades y sociedades— los cuales proveen orden, identidad y significado. La cultura abarca desde música e historias hasta lo que comes y cómo vistes (y cuándo); desde lo que pasa en una boda hasta si es socialmente aceptable silbar en la calle. Incluye lo ordinario y lo cotidiano.

Si bien no es tan elitista como la definición de cultura basada en las "artes", en esta postura basada en las "ciencias sociales" era y es posible decir que algunas culturas contribuyen más a la existencia humana que otras. Uno puede hacer distinciones entre culturas "primitivas" y "avanzadas", o entre culturas "altas" y "pop". Por supuesto, tales distinciones son debatibles y pueden ser controversiales.

Por ejemplo, mide tu reacción en nuestro ambiente cultural a este comentario que hizo el general Charles James Napier en la década de 1850. Como comandante en jefe de las fuerzas británicas en la India colonial, dijo lo siguiente al enfrentarse a los sacerdotes hindúes que vinieron a él quejándose por la prohibición del *sati*, la práctica de quemar a las viudas en las piras funerarias de sus esposos:

> Que así sea. Quemar a las viudas es su costumbre: preparen la pila funeral. Pero mi nación también tiene una costumbre. Cuando los hombres queman a sus mujeres con vida, los ahorcamos y confiscamos todas sus propiedades. Por lo tanto, mis carpinteros erigirán horcas donde morirán todos los involucrados una vez la viuda sea consumida. Sigamos todos nuestras costumbres nacionales.[1]

Por supuesto, ningún embajador diría algo así hoy en día. Nuestra reacción al general Napier demuestra que ha habido cambios en las sensibilidades culturales durante estos últimos 160 años. Hoy somos mucho más reacios a hacer *prescripciones* de prácticas culturales, es decir, a juzgar si algo está bien o mal. Más bien preferimos las *descripciones* de prácticas culturales, las cuales no implican un juicio de valor. Así se hacen las cosas en las ciencias sociales. Sin embargo, esta supuesta neutralidad no encaja con nuestra experiencia diaria ni con nuestros instintos naturales. Decimos que "no queremos juzgar" y "que cada cual haga lo que quiera", pero en el fondo se nos dificulta separar los hechos de los valores. Algo en nosotros quiere dar su opinión acerca del *sati* (¡o dar nuestra opinión sobre la opinión de Napier sobre el *sati*!).

LA DEFINICIÓN BASADA EN LOS "ESTUDIOS CULTURALES"

En los últimos 50 años, los "estudios culturales" se han convertido en una disciplina académica. Es un área bastante compleja que se nutre de todo tipo de campos de estudio, particularmente de la semiótica: el estudio de los signos, los símbolos y de la manera en que los interpretamos. Los estudios culturales se enfocan en los temas del poder y la política, y en cómo se relacionan con la etnicidad, la clase social, la edad y el género.

Algo que complica todo esto es reconocer que las culturas no son estáticas, "cosas" fijas y separadas, sino que más bien fluyen, evolucionan y se conectan entre ellas. Es confuso y enredado porque el mundo es confuso y enredado. La cultura y los estudios culturales son acerca de la identidad: cómo se define y, sobre todo, quién la define. Y los teóricos culturales usan todo tipo de términos complejos que nunca has escuchado a menos que seas un ávido lector de diccionarios. Pero la realidad es que parecen describir adecuadamente nuestro mundo y nuestro estado mental.

Se trata de reconocer que nuestro mundo es "glocal", es decir, que hay influencias tanto globales como locales. Y de reconocer nuestra "hibridez", es decir, que todos parecemos tener una mezcla de identidades culturales. Y de reconocer nuestra "liminalidad", es decir, nuestra desorientación por vivir en medio de cambios culturales, en esa brecha que está entre donde hemos estado y donde vamos.

Lo vemos en los restaurantes de comida rápida de McDonald's, que parecen ser iguales en todo el mundo, pero en algunos países venden cerveza y en otros no. También los vemos en nuestras plazas de comida donde venden todo tipo de platos internacionales, pero sin ser demasiado exóticos para así agradar a la mayoría. En el rap y en el hiphop, que aunque salen "straight outta Compton"*, han sonado por todo el mundo e inspirado el rap británico, el rap francés y otros más. Lo vemos cuando hacemos que lo viejo vuelva a ser nuevo, como en los casos de *Star Wars: El despertar de la fuerza,* los discos de vinilo y la ropa de los años ochenta. Pero lo extraño es que mientras más identidades recolectamos, más incrementa nuestra inseguridad acerca de quiénes somos.

LA DEFINICIÓN BASADA EN LAS "HISTORIAS"

Vemos elementos de verdad en todas estas definiciones. Pero a medida que veamos lo que dice la Biblia acerca de la cultura en los próximos capítulos, quiero sugerir una manera más útil de enmarcar nuestro pensamiento. En lugar de ver la cultura como una "cosa", la visualizaremos como una manera de vivir en el mundo y de interpretar lo que nos rodea. Para los propósitos de este libro, definiremos la cultura de esta manera:

> La cultura es el conjunto de historias que contamos que comunican significado acerca del mundo.

---

* Frase que significa "directamente desde Compton", una ciudad en Los Ángeles, Estados Unidos, de donde son muchos raperos reconocidos.

Y hay dos cosas que debemos notar aquí.

Primero: la cultura comunica sentido o significado. Es la manera en la que interpretamos el mundo, aun cuando nuestra conclusión sea que el mundo no tiene sentido. La cultura es la manera en que comunicamos y "vivimos" nuestra cosmovisión: lo que es importante, lo que es correcto e incorrecto, lo que es verdad, cómo podemos conocer y cómo ser felices. Y con estas definiciones empieza la confusión, porque cuando un grupo de personas comparte una misma cosmovisión, tendemos a verlo como "una cultura" (como la cultura británica o la cultura japonesa). Esta "cultura" se expresa principalmente a través de las historias que contamos, y las historias que escuchamos terminan moldeando poco a poco nuestra cosmovisión.

Por ejemplo, algunas culturas tienen raíces que valoran lo individual por encima de lo colectivo, y viceversa. O ¿qué tal esto? En el Reino Unido, la mayoría de nosotros esperamos que el gobierno provea gratuitamente los servicios de salud, supliendo las necesidades médicas de toda la población. Las celebraciones del septuagésimo aniversario del Servicio Nacional de Salud reflejan y refuerzan su posición como tesoro nacional. Pero esto no describe los servicios de salud de otras culturas, ni es algo a lo que todo el mundo cree que debe aspirar.

Segundo, la cultura es un conjunto de historias. Algunas historias usan palabras, otras no. Algunas historias son ficticias, otras son reales. Algunas historias son largas, otras tienen 140 caracteres.

La trama de tu novela favorita tiene personajes que se separan, se reconcilian y vuelven a unirse. Pero esa historia expresa algo acerca del mundo: la trama comunica lo que a sus creadores les parece heroico, despreciable y verdaderamente valioso. Tal como lo hacen *El Show de Truman* y *Titanic,* "Sweet Child O'

Mine" y "Single Ladies", *Orgullo y prejuicio* y *Top Chef*, Facebook Messenger y Mario Kart, *La cama deshecha* de Tracey Emin y la *Mona Lisa* de Leonardo da Vinci, Twitter y Noticias CNN. Todos estos, de una manera u otra, cuentan historias que le dan sentido al mundo que nos rodea.

En los próximos dos capítulos vamos a explorar esta definición en el contexto de la historia de la Biblia, pero antes de eso, retrocedamos y respondamos otra pregunta: ¿por qué deberían los cristianos involucrarse con la cultura?

CUATRO RAZONES POR LAS QUE DEBE IMPORTARTE LA CULTURA

Por supuesto, dado que decidiste leer este libro y has llegado hasta aquí, es evidente que te importa la cultura. Pero por si no estás tan convencido, permíteme mostrarte cuatro razones por las que nosotros, los cristianos, deberíamos procurar la interacción con ella (en lugar de escondernos, atacar o imitarla).

Volveremos a tocar muchos de estos temas en los próximos capítulos, pero considera esta breve descripción de lo que veremos y las razones por las que lo haremos.

1. Nos importa porque no tenemos opción

Vayamos al grano: tenemos que interactuar con la cultura, no nos queda de otra. Nos guste o no, interactuar con la cultura es inevitable porque los seres humanos somos criaturas culturales. Consumimos y creamos cultura todos los días. No podemos evitarlo. Pero también *pertenecemos* a una cultura, y esa es una parte innegable de lo que somos.

Como creyentes, lo principal de nuestra identidad es que somos un pueblo que está "en Cristo". Pero esta realidad espiritual no quita la realidad terrenal de que todos somos de algún lugar. Todos nacimos en un momento específico, en un lugar específico y en una familia específica. Todos tenemos una identidad propia que expresamos en las historias que creamos, y un conjunto de historias culturales con las que crecimos y que a su vez han formado nuestra identidad.

Yo tengo más de 40 años, peso unos 90 kilos, mido 1 metro con 80 centímetros. Soy un hombre británico nacido en el sur de Essex, mitad blanco y mitad indo-guyanés, convertido a través de una organización de jóvenes llamada Boys Brigade [Brigada de Chicos]. Estoy casado, tengo un montón de hijos, enseño en una universidad teológica, sigo al West Ham United Football Club y soy fanático del jazz y de la música clásica. Esto afecta enormemente la manera en la que escucho a los demás y cómo me escuchan los demás, independientemente de que lo que más me defina sea estar "en Cristo".

Y afecta mi manera de leer la Biblia y de comunicar el evangelio, y lo que hago cuando me reúno con otros cristianos en la iglesia. Por ejemplo, en nuestra iglesia nos reunimos los domingos en la mañana, me siento al lado de mi esposa y me quedo con mis zapatos puestos durante todo el servicio. Pero si mi iglesia estuviera en Lahore, Pakistán, en vez de en Londres, ¡las cosas serían muy diferentes! O considera el ejemplo que vimos sobre los servicios de salud. ¿Puedes pensar en los diferentes asuntos que pudieran surgir y en las decisiones que una iglesia local podría tener que tomar en un país donde el gobierno no provea los servicios médicos?

Y la influencia de nuestra propia cultura definitivamente afecta nuestra manera de interpretar la Biblia; todos la vemos a través de un filtro cultural, como cuando uno ve las cosas a través de lentes con cristales tintados. Como ha dicho uno de mis héroes cristianos, el teólogo holandés Herman Bavinck:

> Cada vez que el evangelio se va a predicar en un lenguaje diferente, a un pueblo diferente, hay que transmutar [traducir] una variedad de palabras, por así decirlo, y ofrecer un contenido nuevo. No existe un idioma con el cual se pueda transmitir el evangelio y que todo el mundo lo entienda exactamente de la misma manera.[2]

El evangelio no "encaja" en ninguna cultura en particular. Pero yo, por supuesto, tiendo a asumir que el evangelio "encaja" perfectamente en el contexto inglés de clase media, es decir, que la manera en que *nosotros* hacemos las cosas como creyentes es como siempre ha sido y siempre será. O asumo que estoy por encima de la cultura, y que mi contexto no me afecta. Esta falta de autoconciencia cultural a veces me causa problemas, especialmente cuando tengo que trabajar y adorar junto con otros cristianos de otros contextos. Si no pienso cuidadosamente en la cultura, no puedo discernir si he confundido el evangelio con la cultura, y si he sido demasiado rígido o demasiado flexible.

Por favor, no me malentiendas. No estoy diciendo que el significado del evangelio cambia dependiendo de la cultura. Dios reveló Su verdad con claridad. Él no está localizado en, ni está limitado por, ninguna cultura. Él es el único Creador, distinto de toda la creación. Así que aunque ningún ser humano puede *comunicar* la verdad del evangelio de una manera que no haya sido afectada por la cultura, la *verdad* puede estar por encima y más allá de la cultura.

No podemos escapar de nuestra cultura, por lo que debemos estar apercibidos de ella. Pero hay más: podemos y debemos *abrazarla*, porque reconocemos y celebramos la maravillosa combinación de la unión cultural de los cristianos, que no significa uniformidad, y de la diversidad cultural de los cristianos, que no significa división.

Cada mes hacemos un almuerzo congregacional donde disfrutamos de una maravillosa y abrumadora diversidad de platos que reflejan las diferentes nacionalidades representadas en nuestra iglesia (East Finchley Baptist Church): la India, Nigeria, Malasia, Indonesia, Irán y Gran Bretaña, por decir algunas. Nuestra manera de vestir los domingos puede variar un poco. No todos tenemos el inglés como nuestro primer idioma, por lo que algunas cosas se pierden en la traducción. Nuestros gustos musicales pueden ser bastante diferentes. Pero al ser hermanos en Cristo, podemos adorar juntos a nuestro Salvador, y eso es hermoso. De hecho, como dice un amigo que también es pastor, así es que la iglesia se convierte en una "casa modelo" del cielo nuevo y la tierra nueva.

2. Nos importa seguir a Jesús

Segundo, interactuamos con la cultura porque queremos seguir a Jesús fielmente mientras vivamos en Su mundo. Y parte de vivir en Su mundo implica consumir y crear cultura. Veamos estas cosas por turno.

Primero, queremos ser fieles a Jesús al consumir cultura. Cuando el apóstol Juan escribió su primera carta a los cristianos en Asia, la frase con la que se despidió, la que quería que quedara en la mente de su audiencia después de todo fue: "Queridos hijos, apártense de los ídolos" (1Jn 5:21). Luego tocaremos el tema de la idolatría, pero mientras tanto, definamos los ídolos como dioses falsos que han cautivado nuestros corazones, cuando nuestros corazones deberían ser cautivados por Jesús. Para poder guardarnos de los ídolos, debemos ser capaces de reconocerlos y de saber cómo operan. Decir eso es más fácil que hacerlo. Creo que muchas veces somos como esa persona que ve un letrero que dice: "Cuidado, carteristas en el área", pero decide seguir con su billetera en el bolsillo trasero porque está seguro de que él se daría cuenta si alguien trata de sacarle algo. Ya sabes cómo termina esa historia...

Al igual que los carteristas, los ídolos son difíciles de detectar. La idolatría es sutil porque Satanás es hábil y astuto. Los ídolos no tienen un tatuaje en la frente que diga: "Soy un ídolo: aléjate de mí". No, los ídolos son dioses *falsos* que saben cómo disfrazarse. La mayoría de nosotros sabemos cómo defendernos de ídolos conocidos como el dinero y el sexo. Y en nuestras iglesias estamos hablando cada vez más sobre "ídolos profundos" como el poder, la comodidad, la aprobación y el control. Pero creo que cuando se trata de los ídolos *culturales*, no somos muy conscientes, en parte por lo que dijimos anteriormente: o pensamos que la cultura no importa, o pensamos que no somos seres culturales. El problema es que la cultura nos arropa: no hay escapatoria.

¿Qué tal te estás guardando de los ídolos a la hora de votar? ¿A la hora de escoger una escuela para tus hijos? ¿Al decidir lo que vas a ver en la televisión? ¿Al hacer cualquier cosa durante todas las horas de tu vida en las que no estás haciendo algo relacionado con la iglesia?

Pero hay más. Lo que he dicho hasta ahora podría sonar pasivo, defensivo y reactivo. Pero también debemos reconocer que, como seres humanos, fuimos diseñados para ser creadores y constructores de cultura. Para guardarnos de los ídolos tenemos que estar adorando correctamente, porque nuestros corazones están diseñados para adorar en todo momento. Hablaremos más de esto en el próximo capítulo.

3. Nos importa contarle a otros sobre Jesús

Interactuamos con la cultura porque nos importa el evangelismo y la apologética. Ahora bien, es cierto que la incredulidad es un asunto 100% espiritual: nadie es cristiano sin que el Espíritu Santo haga Su obra milagrosa de traer vida a corazones muertos. A la vez, el Espíritu Santo obra a través de medios. Mira las palabras que describen el evangelismo del apóstol Pablo en Hechos:

> Pero Saulo cobraba cada vez más fuerza y confundía a los judíos que vivían en Damasco, demostrándoles que Jesús es el Mesías (9:22).

> Todos los sábados discutía en la sinagoga, tratando de persuadir a judíos y a griegos (18:4).

> Pablo entró en la sinagoga y habló allí con toda valentía durante tres meses. Discutía acerca del Reino de Dios, tratando de convencerlos (19:8).

Pablo dependía completamente de la persona y la obra del Espíritu Santo y, a la vez, razonaba, argumentaba y demostraba.

Es importante notar que razonar no significa ser "racionalista": hacer de la razón nuestro juez o nuestra máxima autoridad. Nuestro Juez es Dios y Su Palabra es nuestra máxima autoridad. Argumentar no significa ser "discutidor", como los personajes que vemos en ciertos programas de televisión.

Pero todo cristiano está llamado a dar razón de su esperanza (1P 3:15), y esto es más que un ejercicio intelectual, puesto que somos más que cerebros andantes. Tampoco es una esperanza de cuentos de hadas ni de "ojalás". Esta esperanza es segura; es una "esperanza viva" (1P 1:3). Es el tipo de esperanza que involucra todo lo que somos: nuestras emociones, nuestro intelecto, nuestra voluntad, nuestros deseos y nuestra imaginación. Somos personas integrales hablando a otras personas integrales, no solo para presentarles una filosofía, una cosmovisión o un mensaje (aunque el evangelio es todas esas cosas), sino a una persona. Es por esto que a veces cuando hablamos de compartir el evangelio, decimos "le presenté a Jesús".

¿Y qué tiene que ver todo esto con conectar con la cultura?

El punto es que el pecado y la incredulidad se manifiestan de diversas maneras en las culturas y las subculturas. Los académicos lo llaman una "estructura de plausibilidad"; en esencia, una cosmovisión:

> Una estructura de plausibilidad es una red de creencias que están tan arraigadas en los corazones y las mentes de la mayor parte de una sociedad que las personas las creen tan inconscientemente o tan firmemente que nunca se preguntan si son verdaderas... Una de las principales funciones de una estructura de plausibilidad es proveer el trasfondo de creencias que hacen que los argumentos sean fáciles o difíciles de aceptar.[3]

No necesitas ser un académico para entender esto. Lo experimentamos cada día. Hoy en día las buenas noticias sobre Jesús son *inaceptables* en nuestra cultura. No es que la mayoría se haya sentado a estudiar seriamente el cristianismo y luego haya decidido que no le convence. No necesariamente han tenido una mala experiencia con cristianos que los haya desanimado (aunque algunos sí). Más bien, el aire cultural que han respirado los ha moldeado para pensar que el cristianismo es irrelevante, intolerante y falso. Y por eso chocamos contra un muro en nuestros esfuerzos evangelísticos, y nos quedamos rascándonos la cabeza sin saber cómo lograremos conectar con la gente. Nuestra cultura es tal que Jesús está tan lejos del pensamiento de la mayoría que ni siquiera lo tienen como una opción a considerar, mucho menos a aceptar.

Este cambio cultural afecta nuestra manera de evangelizar. En el 1989, junto a otras 29.000 personas, me senté en el estadio de fútbol llamado Crystal Palace, en primera fila, para escuchar a Billy Graham predicar acerca de la riqueza de Salomón. ¿Piensas que volveré a ser parte de una oportunidad evangelística como esta en mi vida? Lamentablemente, la respuesta es no. En cada partido del West Ham como local al que puedo asistir, mientras miles se van acercando al estadio de Londres, veo a un hombre gritando versículos bíblicos por un megáfono. ¿Alguna vez he visto a alguien interactuar con este hombre? Lamentablemente, la respuesta es no. ¿Estoy negando la fe de este hombre o el poder del Espíritu si pienso que hay maneras más eficaces de proclamar el evangelio?

Para explicarlo de otra manera, y con un poco de ligereza, queremos que las personas conozcan a Jesucristo (el VIP en esta ilustración), pero hay un par de porteros fortachones (de esos que son calvos y con tatuajes en el cuello) que están impidiendo el paso. Hasta que no logremos pasarlos, no podremos presentarles a Jesús. *Y la identidad de esos "porteros" dependerá de la cultura de cada persona.*

Permíteme ilustrarlo.

Cuando estoy enseñando sobre cultura, a veces finjo que soy el reconocido lector de mentes Derren Brown, porque puedo adivinar cuáles son las objeciones de los amigos no creyentes de la audiencia. Pero obviamente no estoy leyendo sus mentes, sino que se debe al principio de que, de manera general: "Me llevo bien con personas que son como yo" (lo que significa que termino con amigos que se parecen a mí). Así que si estoy en un lugar que está lleno de cristianos blancos y de clase media, sé que las objeciones de sus amigos tendrán que ver con la ciencia, los milagros, el mal, la hipocresía religiosa, la sexualidad y así sucesivamente. A veces se asustan al escuchar mi precisión.

Sé que si hablara a un grupo de cristianos con un trasfondo musulmán, sus amigos tendrían objeciones muy diferentes. Ellos podrían decir: "El cristianismo tiene que ser falso por la manera en que Estados Unidos actua en el mundo". ¡Nunca he escuchado a uno de mis amigos decir eso, pero no vivo en el Medio Oriente!

Así que para interactuar eficazmente con nuestros amigos y presentarles el evangelio —para poder darles una "razón" que ellos encuentren razonable— necesitamos entender exactamente cuáles son sus presuposiciones, y cómo podemos enfrentarlas. Y para poder identificar sus presuposiciones debemos entender su cosmovisión.

Ahora, ¿cómo podemos saber cuál es la cosmovisión de una persona? Mirando las historias culturales que consume y que crea.

Como ejemplo, podría ser útil que nos enfoquemos en la que posiblemente sea la cosmovisión más común actualmente en Occidente: el secularismo. La palabra "secular" es sumamente difícil de traducir, y los académicos (sí, ¡ellos de nuevo!) pasan mucho tiempo discutiendo sobre su significado. Sin embargo, los mejores análisis que he encontrado dicen que lo que define nuestra era secular no es tanto que haya disminuido la asistencia a las iglesias, ni siquiera la resistencia a que la religión tenga un espacio en la plaza pública y en la política. Nuestra era secular no tiene tanto que ver con lo que las personas creen o no creen, sino con lo que les parece *creíble*. Se trata de credibilidad. El cristianismo, y la religión en general, es cuestionado y discutido de una forma que ni se consideraba hace cientos de años. Hoy en día es una opción entre muchas otras que también son cuestionadas, *incluyendo el ateísmo*. Cada opción tiene sus fortalezas y debilidades, y analizarlas todas nos deja abrumados y perplejos.

Como resultado, una de las características de nuestra cultura secular es que las personas están desorientadas y no saben estar quietas. Es el equivalente espiritual a entrar a Google para buscar el mejor restaurante de la ciudad y darnos cuenta de que hay diez posibilidades. Cada posibilidad tiene por lo menos una reseña muy negativa. Como resultado, cuestionamos todo y estamos cada vez más ansiosos; o, como dijo un filósofo, terminamos "fragilizados".[4]

En parte, esto tiene que ver con la confianza. Sabemos que donde hay confianza las cosas prosperan; queremos confiar en las personas y anhelamos con nostalgia los días en que los padres podían dejar que sus niños jugaran en la calle. Sin embargo, somos confrontados continuamente con historias de adultos y autoridades que abusan de la confianza que se les da. Sabemos que nos decepcionamos unos a otros, por lo que nos preguntamos si realmente es posible confiar en alguien. Como resultado, terminamos con una confianza cauta: nos obsesionamos con la seguridad (aunque estadísticamente estamos más seguros que nunca), siempre atentos a los posibles abusos de confianza y anhelando una confianza verdadera. Esto no es nada cómodo. Y, por supuesto, hay algunos beneficiándose de esta cultura de desconfianza. ¿O no has visto los anuncios que dan mientras tus hijos ven sus programas de televisión? Por cada comercial que vende algún juguete, hay otro vendiéndote algún seguro o con abogados preguntándote que si has estado en algún accidente para "ayudarte" a conseguir una compensación.

Es importante notar que este sentido de desorientación no solo lo experimentan los no creyentes. Nos guste o no, todos vivimos en esta era secular. *También los cristianos* inhalamos esta cosmovisión al consumir cultura cada día. Por ejemplo, ¿cómo decidimos confiar (o no) en las enseñanzas de un pastor en un mundo de millones de podcasts? Debemos ser honestos y cambiar nuestra percepción de que lo "secular" está "allá afuera" y entender que es el contexto cultural en el que seguimos a Cristo y hablamos de Cristo a los demás.

Pero hay esperanza. Estos "porteros" que mencionábamos son como los típicos matones del colegio. Hablan mucho, pero eso es todo lo que pueden hacer: hablar. Un golpecito en el estómago demostrará que no son invencibles. ¿La razón? De manera general, la mayoría de los inconversos asumen que sus objeciones son lógicas sin haberlas considerado con cuidado. Al preguntar un poquito más te darás cuenta de que ese es el caso.

Por cada ateo apasionado como Richard Dawkins o Stephen Fry, hay multitudes que dicen ser ateos o agnósticos, pero que no pueden aceptar verdaderamente que esta "vida bajo el sol" es todo lo que hay; son los que no tienen tiempo para el cristianismo, pero que aún creen en el valor, en el propósito, en el amor y hasta en la trascendencia (un nivel espiritual que va más allá de lo que podemos percibir). Son los que leen sus horóscopos todos los días y dicen "era el destino" si algún plan fracasa. Son los que podríamos llamar "religiosos" porque ciertamente están adorando *algo*.

Se resume de manera magistral al inicio del libro de Julian Barnes llamado *Nothing to Be Frightened Of* [*Nada que temer*]: "No creo en Dios, pero me hace falta".

En una cultura donde pensamos frecuentemente que a nadie le interesa nuestro mensaje, la realidad es que sí tenemos vías para evangelizar, pero debemos saber dónde buscarlas.

4. ¡Nos importa Jesús!

Esta última razón es tal vez la más importante. Quizás debió ser la primera en la lista. Interactuamos con la cultura porque nos importa Jesús.

¿Quién es Jesucristo? Es Aquel a quien se le ha "dado toda autoridad en el cielo y en la tierra" (Mt 28:18). Él es *nuestro* Señor y el Señor del universo. Abraham Kuyper, el teólogo y primer ministro holandés, dio en el clavo cuando dijo: "No hay un centímetro cuadrado en todo el dominio de nuestra existencia humana sobre el cual Cristo, el Soberano sobre todo, no clame: '¡Mío!'".[5] Jesucristo tiene el derecho de ser el Señor de todo. Él tiene "el nombre que está sobre todo nombre" (Fil 2:9). Él no se acomoda ni se adapta a una sola cultura; más bien, Él reclama todo lo que existe porque todo es Suyo.

Nosotros somos Sus embajadores y vicegobernadores. Los cristianos tienen el deber de desafiar las áreas donde el señorío de Cristo no sea respetado. Toda historia sobre algo en la creación que no conecte ese algo con Cristo está incompleta y, por lo tanto, es engañosa. Por esa razón: "Destruimos argumentos y toda altivez que se levanta contra el conocimiento de Dios, y llevamos cautivo todo pensamiento para que se someta a Cristo" (2Co 10:5).

Eso comienza con nuestro esfuerzo por someter nuestros propios pensamientos a Cristo, para Su gloria. No solo los pensamientos que son obviamente "malos", como los pensamientos lujuriosos, sino *todos* nuestros pensamientos: sobre el dinero, la familia, la política y todo lo que nuestra cultura nos enseñe cada día que sea contrario a Cristo. El asunto es que muchas veces no detectamos estas enseñanzas.

Así que interactuamos con la cultura porque queremos luchar por el honor de Cristo para que Él reciba la gloria que Él merece.

PERO ¿CÓMO LO HACEMOS?

Nuestra interacción con la cultura tiene que ver con nuestra percepción de nuestra identidad como seres humanos, con nuestro discipulado cristiano, con nuestro testimonio y con nuestro evangelismo. Más que nada, tiene que ver con el señorío de Jesucristo. No hay nada más importante que eso.

Interactuar con la cultura es esencial, así que ¿cómo podemos hacerlo?

Para poder detectar las historias culturales falsas que consumimos cada día, el primer paso es que nuestros corazones e imaginaciones sean capturados por una historia verdadera que es supremamente mejor: la historia de la Biblia. Y eso es lo que veremos en el siguiente capítulo.

2

LA HISTORIA DE LA CULTURA

Una serie que ha sido muy popular en nuestro hogar durante estos últimos años ha sido la competencia culinaria *Masterchef Australia*. No es que a todos nos encanta, pues algunos de nosotros preferimos comernos el filete en lugar de ver a otros cocinándolo. Pero vale la pena ver la serie al menos para ver esos momentos en los que se les caen los postres. Se oyen los gritos ahogados desde el sofá cuando, después de haber pasado horas siguiendo una receta cuidadosamente, el postre pretencioso y ridículamente complejo de uno de los participantes se reduce a un pegajoso desastre en el suelo.

En el último capítulo vimos una breve introducción donde explicamos qué es la cultura y por qué debería importarnos. Ahora veremos el rol de la cultura en la historia de la Biblia. Incluyendo ese momento desastroso en el que todo se derrumbó, al igual que aquellos postres.

GOBIERNO: LOS SERES HUMANOS COMO CONSTRUCTORES DE CULTURA

Empecemos al inicio de la Creación. En el primer capítulo de Génesis vemos cómo Dios crea todo tipo de cosas buenas de la nada. No era que Dios estaba solo y aburrido; Él no necesitaba crear nada. Sin embargo, lo hizo con una creatividad impresionante. La variedad es asombrosa: luz y oscuridad, agua y tierra, criaturas grandes y pequeñas. Dios habló, y todo empezó a existir. Pero Él guardó lo mejor para lo último, pues el punto culminante de Su Creación fueron seres como tú y yo:

> ...y dijo: "Hagamos al ser humano a Nuestra imagen y semejanza. Que tenga dominio sobre los peces del mar, y sobre las aves del cielo; sobre los animales domésticos, sobre los animales salvajes, y sobre todos los reptiles que se arrastran por el suelo". Y Dios creó al ser humano a Su imagen; lo creó a imagen de Dios. Hombre y mujer los creó (Gn 1:26-27).

En pocas palabras, ser creados a la imagen de Dios se trata de *revelar* quién es Dios; de *relacionarnos* con Dios, los unos con los otros y con el resto de la creación; y de *representar* a Dios. De modo que en estos primeros capítulos de Génesis, Dios se revela a Sí mismo como alguien que habla y que crea, y los que hemos sido creados a Su imagen también hablamos y creamos. Eso es lo primero que hace Adán:

Entonces Dios el SEÑOR formó de la tierra toda ave del cielo y todo animal del campo, y se los llevó al hombre para ver qué nombre les pondría. El hombre les puso nombre a todos los seres vivos, y con ese nombre se les conoce. Así el hombre fue poniéndoles nombre a todos los animales domésticos, a todas las aves del cielo y a todos los animales del campo. Sin embargo, no se encontró entre ellos la ayuda adecuada para el hombre (2:19-20).

Es como un sistema de clasificación primitivo. Y unos versículos después, Adán compone el primer poema de la historia al ver a su hermosa compañera, Eva:

> Esta sí es hueso de mis huesos
> y carne de mi carne.
> Se llamará "mujer"
> porque del hombre fue sacada (2:23).

¡Así que Adán es tanto el primer científico como el primer artista! Pero por si hay alguna duda sobre qué significa ser creado a imagen de Dios, en Génesis 1:28 y 2:15 Dios da un mandato específico a Adán y a Eva. Los teólogos le llaman a esto "el mandato cultural":

> Sean fructíferos y multiplíquense; llenen la tierra y sométanla; dominen a los peces del mar y a las aves del cielo, y a todos los reptiles que se arrastran por el suelo (1:28).

Dios el SEÑOR tomó al hombre y lo puso en el jardín del Edén para que lo cultivara y lo cuidara (2:15).

Adán y Eva deben llenar y dominar la tierra, y cultivar y cuidar el jardín. En el centro de todo esto está la idea de "dominar", que también vemos en el Salmo 8 (LBLA):

> ¡Sin embargo, lo has hecho un poco menor que los ángeles,
> y lo coronas de gloria y majestad!

Tú le haces señorear sobre las obras de Tus manos;
todo lo has puesto bajo sus pies (Sal 8:5-6).

Los portadores de la imagen de Dios somos diputados del Rey. Al reinar sobre la creación reflejamos el reinado de Dios. Pero lo más emocionante es que no es algo estático, sino que hay un desarrollo.

Imagina que eres un niño y que estás bajando por las escaleras una mañana de Navidad para abrir un regalo: un enorme y hermoso ferrocarril. Ya está armado, listo para que juegues con él. Presionas el botón para encenderlo, ajustas la velocidad y ves cómo el tren da vueltas y vueltas... y vueltas... y vueltas. Esto es divertido al principio, pero al rato se vuelve aburrido. Ahora imagina que en vez de recibir solo un ferrocarril con unos pocos rieles, también recibes una cantidad infinita de piezas para poder seguir expandiendo las vías y el paisaje. ¡*Así sí* es divertido jugar con ferrocarriles!

De la misma manera, Adán y Eva tenían la encomienda de sacar el mayor potencial de la creación ("para que lo cultivara", 2:15), pero debían hacerlo de una manera que respetara y promoviera el diseño original de Dios ("y lo cuidara").

Desde entonces, todo ser humano tiene la misma encomienda: ejercer dominio y desarrollar la creación al hablar y crear, reflejando al Dios que habla y crea. En última instancia, esto es lo que hacemos cuando creamos cultura. Ya sea que estemos construyendo rascacielos o aplicaciones, escribiendo una sinfonía de dos horas o un tuit de dos palabras, cocinando o viendo un programa de cocina, de lo sublime a lo trivial, todo es hablar y crear a la imagen de Dios.

La cultura es un llamado. No es algo que hacemos para simplemente ocuparnos desde que salimos del trabajo hasta irnos a acostar. Es algo que hacemos porque hemos sido hechos a imagen de Dios, y eso aplica para todo ser humano, aunque muchos no lo sepan. Y como todo lo demás en la creación, todas nuestras creaciones culturales tienen un fin último: la gloria de Dios. Mostramos *Su* grandeza al apuntar a *Su* creatividad. Y al vivir bajo las normas de Dios y hacer Su obra, nosotros también somos glorificados. Es la manera en que florecemos como seres humanos. Y es como encontramos la identidad y el propósito que todos buscamos.

RUINA: LOS SERES HUMANOS COMO DESTRUCTORES DE CULTURA

Sin embargo, la mayoría de nosotros sabemos que si bien todo lo que Dios habló y creó en Génesis 1 era "bueno", mucho de lo que hablan y crean los humanos no es bueno. Y no estoy hablando solamente de las precuelas de *Star Wars*. Estoy hablando de los comentarios nocivos que encuentras en las redes sociales, o de la filosofía libertina detrás de Tinder, o de las mentiras sobre las celebridades que encontramos en el periódico, o de la adicción que alimenta nuestros maratones de Netflix. Todo el mundo sabe que estas cosas no son "buenas". De hecho, casi toda la cultura que consumimos está teñida de una manera u otra con lo "no bueno". ¿Por qué?

Bueno, solo tenemos que pasar un par de páginas en Génesis para descubrirlo. Lo que vemos en Génesis 3, conocido en el cristianismo como la Caída, es una historia trágica, infinitamente peor que la caída de cualquier postre. Adán y Eva decidieron desobedecer a Dios y comer del fruto que Él les había ordenado que no comieran. En vez de reflejar a Dios, ellos querían *ser* Dios. Como consecuencia, el orden y las relaciones entre Dios, los hombres y el resto de la creación que vimos en los primeros capítulos de Génesis fueron deshechos.

Dos lados

¿Cómo afecta esto a la humanidad y a la cultura que deben crear? En Génesis 3:15, Dios le dice a la serpiente —Satanás, quien engañó a Adán y a Eva— lo que Él está a punto de hacer:

Pondré enemistad entre tú y la mujer, y entre tu simiente y la de ella; su simiente te aplastará la cabeza, pero tú le morderás el talón (Gn 3:15).

A pesar de la rebelión de Eva, Dios les da esperanza diciéndole que uno de sus descendientes, Jesucristo, destruiría al diablo (Gá 4:4). Habrá una guerra. Y como toda guerra, esto va más allá de un combate uno a uno. Las consecuencias son de largo alcance: este versículo apunta a dos grupos de humanos que serían completamente opuestos. ¡Y nota que es Dios mismo el que siembra odio entre los dos! Vemos las repercusiones casi de inmediato en Génesis 4, cuando el hijo de Adán y Eva, Caín, asesina a su propio hermano, Abel. Esta profunda división entre unos y otros continúa a lo largo de la Biblia, y a medida que seguimos leyendo la Escritura descubrimos qué significa verdaderamente. Los hijos espirituales de Satanás son aquellos que viven en rebelión contra Dios. Los hijos espirituales de Eva son aquellos que viven bajo el gobierno de Dios, según el diseño original de Dios para la humanidad.

El Nuevo Testamento presenta esta diferencia con una serie de descripciones vívidas: cada uno de nosotros anda en oscuridad o en la luz; es una oveja o un cabrito; es un hijo del maligno o un hijo de Dios. En última instancia, Génesis 3:15 apunta a la simiente de Eva que aplastaría la cabeza de Satanás en la cruz: Jesucristo. O estás en Cristo, o no lo estás. En asuntos espirituales no hay zonas grises, solo hay blanco y negro.

Y ¿qué distingue a los hijos espirituales de Satanás de los hijos espirituales de Eva? No se trata de lo que hacemos, sino de algo mucho más profundo: del corazón. En términos bíblicos, el corazón es la esencia del ser humano y lo que determina nuestras acciones externas: "En el agua se refleja el rostro, y en el corazón se refleja la persona" (Pro 27:19). Jesús también dice que "donde esté tu tesoro, allí estará también tu corazón" (Mt 6:21). El problema es que, desde la Caída, nuestros corazones están del lado incorrecto. Somos los hijos espirituales de Satanás... hasta que la gracia de Dios interviene y nos permite cambiar de bando.

Si ser hechos a imagen de Dios significa que fuimos creados para adorar, entonces hay un deseo intrínseco en el corazón humano que nos lleva a adorar. Fuimos creados para adorar al Dios verdadero, pero terminamos adorando cualquier otra cosa. La Biblia dice que la adoración de todas estas otras cosas es idolatría. Estas son las únicas dos opciones: o adoramos a Dios o adoramos a los ídolos. Colosenses 2:6-8 describe estas dos formas de existir así:

> Por eso, de la manera que recibieron a Cristo Jesús como Señor, vivan ahora en Él, arraigados y edificados en Él, confirmados en la fe como se les enseñó, y llenos de gratitud. Cuídense de que nadie los cautive con la vana y engañosa filosofía que sigue tradiciones humanas, la que va de acuerdo con los principios de este mundo y no conforme a Cristo.

Algunos están "arraigados y edificados *en [Cristo]*" y otros son prisioneros de la "vana y engañosa filosofía, que sigue tradiciones humanas y principios de este mundo y no a Cristo". Dos opciones: o estás en Cristo o no estás en Cristo.

Entonces, podemos decir que la cultura es la manera dinámica en la que los seres humanos le damos forma al mundo a medida que hablamos y creamos como portadores de la imagen de Dios. Pero la cultura también es el fruto de lo que hay en nuestro corazón y de nuestra relación con Dios, y para la mayor parte de la humanidad, esa relación es una guerra constante. Vale la pena compartir lo que dice el teólogo estadounidense John Frame, quien entiende esto muy bien:

> La cultura es lo que la sociedad ha hecho de la creación de Dios, junto con sus ideales respecto a la misma. O tal vez deberíamos mencionar primero los ideales. Las personas hacen cosas porque tienen en mente un plan, un propósito, una meta, un ideal. Primero viene el ideal, y luego la creación... De modo que ahora podemos ver cómo la cultura se relaciona con la religión. Cuando hablamos de valores y de ideas, estamos hablando de religión. En el sentido más amplio, la religión de una persona es aquello que cautiva su corazón, lo que más lo motiva... Es interesante que el término en latín "*colere*"... también se refiere al servicio religioso, y llega a nuestro idioma como "culto", "cultural" y así sucesivamente. La cultura y el culto van juntos. Si una sociedad adora ídolos, dioses falsos, esa adoración va a gobernar la cultura de esa sociedad. Si una sociedad adora al Dios verdadero, esa adoración va a influenciar profundamente su cultura. Si una sociedad está dividida religiosamente, como la nuestra, entonces revelará una mezcla de influencias religiosas.[1]

Por lo tanto, la cultura es la "religión exteriorizada"; es la manera en que mostramos externamente lo que creemos en nuestro interior.[2] La cultura es nuestra manera de adorar: es la manera en que mostramos lo que realmente valoramos en nuestros corazones.

Destruimos la cultura

¿Cómo afecta nuestra raíz religiosa nuestro fruto cultural? Para entender esto, es bueno analizar la cultura desde dos ángulos diferentes.

Primero, la cultura es una descripción de lo que hacen todos los seres humanos simplemente por ser humanos. Pero, en segundo lugar, la cultura "verdadera", "real" y "apropiada" es una prescripción de lo que deberíamos hacer según el diseño original de la creación (aunque esta nunca llegará a ser perfecta desde este lado del cielo nuevo y la tierra nueva). La clave es mantener el equilibrio entre estas dos ideas. Hablemos un poco más de cada una.

El hecho de que somos seres humanos profundamente caídos y pecadores no elimina la imagen de Dios en nosotros. Podemos negar y vandalizar la imagen de Dios en nosotros con nuestros pensamientos y acciones, pero, en última instancia, esta verdad sigue siendo lo que nos hace humanos. Además, Dios en Su bondad suele restringirnos para que no seamos tan malos como pudiéramos ser. Esto es lo que se conoce como la gracia común de Dios, la cual incluye muchas bendiciones por las cuales debemos estar agradecidos. Por lo tanto, por más pecadores que seamos, seguimos siendo seres humanos, y los seres humanos producen "cultura". Las criaturas de Dios crean a partir de la creación que les rodea. Esto es importante porque significa que por más pecaminosa o superficial que nos parezca una manifestación cultural, desecharla o burlarnos de ella sin interactuar con ella de alguna manera es como desechar o burlarnos de uno de los portadores caídos de la imagen de Dios, a quienes deberíamos tratar con dignidad y respeto. Es inhumano. Aquí habla una vez más mi héroe teológico, Bavinck:

> Si tan solo las personas pudieran abandonar su autoconciencia, su individualidad, su complejo de realeza; si tan solo pudieran disolverse en el mundo que les rodea como lo hacen las plantas y los animales, ¡sin normas ni reglas morales! Pero no pueden. Son humanos. Existen con la grandeza indescriptible y con la tristeza patética que implica el término. Aquí es donde Dios se encuentra con ellos.[3]

Sin embargo, tales formas caídas de cultura solo pueden ser remanentes o pedazos rotos de la "cultura real", debido a que son productos de imágenes rotas y de corazones pecaminosos. Son creadas como una forma de adorar a un ídolo, no a Dios. La cultura que creamos después de la Caída no puede ser llamada "cultura real" porque los valores y los propósitos que están detrás son radicalmente diferentes a los que Dios estableció originalmente para Su creación. Nuestro pecado ha destruido la "cultura real". Solo nos quedan fragmentos.

La cultura nos destruye

Sin embargo, al mismo tiempo, *nosotros* estamos siendo destruidos por la cultura. Pasamos rápidamente de dominar la creación a ser dominados por las cosas que creamos. Al crear y consumir cultura idolátrica, ingerimos una historia falsa sobre la identidad de Dios, sobre nuestra identidad, sobre el problema del mundo y su remedio. En nuestras creaciones culturales, nuestros dioses falsos nos venden historias falsas del "evangelio", y nos creemos sus mentiras. Ciertamente lucen atractivas, pero nos matan poco a poco porque al creer sus falsedades, perdemos nuestra identidad humana. Lo que es peor, nos distanciamos cada vez más del Dios que nos creó para Sí mismo hasta que lo perdemos de vista. Es un círculo vicioso que se aparta cada vez más de la verdad.

Así que al ver a las personas que están a nuestro alrededor, como cristianos podemos ver que *crean* cultura y que también *son creados* por la cultura. Recuerda, la cultura es la manera en que nuestros corazones adoran ídolos. Por un lado, la Biblia confirma en diversos lugares que los ídolos son "producto de manos humanas" (Sal 135:15) y "absolutamente nada" (1Co 8:4) al compararlos con el Dios vivo. Pero, por otro lado, son "algo": tienen el poder para terminar controlando al adorador: "Se volverán como ellos, los que los hacen, y todos los que en ellos confían" (Sal 115:8, LBLA). Greg Beale dice que, a lo largo de la Biblia, "las personas terminan pareciéndose a las cosas que reverencian, ya sea para ruina o para restauración". Nos convertimos en aquello que adoramos.[4]

En el Salmo 115, los ídolos "tienen boca, y no hablan; tienen ojos, y no ven" (v 5). Los adoradores de ídolos terminan siendo igual de ciegos e inútiles: "Ellos no saben ni entienden, porque Él ha cerrado sus ojos para que no vean y su corazón para que no comprendan" (Is 44:18).

¿Y cuándo se asemejan más los adoradores de ídolos a los objetos inertes que adoran? Cuando están muertos. Porque la idolatría conduce a la muerte.

También podemos ver esta relación de dos vías a nivel de la sociedad. Nosotros influenciamos la cultura y también somos influenciados por ella. A veces nos preocupa relacionar nuestra fe con cosas como la política y la plaza pública, pero "la plaza pública es el campo de batalla de los dioses" y "las personas siempre lucharán por sus ídolos y sus dioses, sus objetos de adoración".[5] Las leyes no pueden salvar a nadie, pero sí moldean a las personas. Las leyes sí afectan las estructuras de plausibilidad que mencionábamos en el capítulo anterior; si no para nosotros, entonces para la próxima generación. Esto debería importarnos.

Recuerda: nos convertimos en aquello que adoramos. Por ejemplo, la idea islámica de Dios se centra en la doctrina del *tawhid*: Dios es uno, eternamente solitario (algo completamente diferente a la unidad de la Trinidad en el cristianismo). Se enfatizan mucho la trascendencia de Alá, la imposibilidad de conocerlo y su poder. La sumisión (que es lo que significa "musulmán") es clave. Si eso es lo que creen acerca de Alá, entonces no debería sorprendernos que muchos musulmanes entiendan que una sociedad islámica debe enfatizar la unidad más que la diversidad, y la sumisión más que el servicio. Este es el principio que está detrás de los conceptos de *ummah* (la comunidad mundial de los musulmanes) y *dhimmitude* (el estatus de los no musulmanes que viven en un país islámico, quienes deben pagar más impuestos como señal de sumisión).

Así que cuando se habla de cultura, debemos reconocer la realidad de que hay diferencias radicales y un conflicto cósmico entre los hijos espirituales de Satanás y los hijos espirituales de Eva. Estamos realmente en medio de una guerra cultural. Este tipo de lenguaje puede sonarte demasiado agresivo, pesimista y derrotista. No es muy "amable". Pero este es el lenguaje que vemos continuamente en la Biblia. Describe nuestra situación espiritual con precisión. Es lo que vemos frente a nosotros cuando usamos la Biblia como nuestros lentes de rayos X.

Necesitamos estar equipados para poder enfrentar este choque cultural cósmico, para poder crear cultura e interactuar con ella por amor a Cristo. Al hacerlo, podemos estar seguros de esto: estamos del lado ganador, porque la historia no termina aquí.

RESCATADOS, RESTAURADOS Y RENOVADOS: JESUCRISTO COMO SEÑOR DE LA CULTURA

Uno de los villancicos navideños que me fascina cantar a todo pulmón es "Al mundo paz" de G. F. Handel e Isaac Watts. ¡Pero se me va la paz cuando no se canta mi estrofa favorita! Esta es la traducción literal de la versión original en inglés:

> Ya no habrá más pecado ni tristeza,
> ni espinas en la tierra;
> Él viene para hacer que Sus bendiciones se extiendan
> hasta donde la maldición se encuentra.

Jesús vino a rescatarnos a nosotros y al mundo de la ruina. Su obra redentora en el evangelio no se trata solo de salvar a individuos del infierno, sino que tiene un alcance *cósmico*. Él está trayendo una nueva creación que está relacionada íntimamente con la creación que hubo "en el principio": "La gracia restaura y perfecciona la naturaleza".[6]

Cuando se trata de cultura, Brian Mattson lo expresa bien al resaltar que las mejores historias tienen finales que resuelven algo que tenía potencial desde el principio. En otras palabras, si la gracia es nuestro "y vivieron felices para siempre", es porque surge del "había una vez" de la creación original:

> La perfección que trae Jesucristo es la perfección que Dios siempre quiso para Su creación. El plan redentor de Dios luego de la Caída no fue un "Plan B". Él no cambió la trama ni se inventó algo ajeno a Sus propósitos originales... Todo el punto de la redención es que Dios ha mantenido Sus propósitos para la creación, tanto así —tanto amó al mundo— que estuvo dispuesto a morir con tal de lograrlo.[7]

Como señalamos anteriormente, Adán falló catastróficamente en su tarea cultural. En vez de cuidar la creación y extender el jardín, su desobediencia lo sacó del jardín y trajo la maldición de Dios sobre toda la creación. Pero uno de los títulos y descripciones que se le da a Jesús es el segundo o último Adán (p. ej.: 1Co 15:45). Como el segundo Adán, Jesús obedeció perfectamente a Su Padre en lo que el primer hombre falló. Jesucristo es la imagen verdadera de Dios, sin nada de pecado. Él es el verdadero hombre cultural. Ungido por el Espíritu. Podía detener las tormentas y resucitar a los muertos, demostrando Su dominio absoluto sobre la creación. Y Su sacrificio en la cruz aplacó la ira de Dios por nuestra desobediencia y deshizo la maldición. Su resurrección fue el primer fruto de una nueva creación, una muestra de lo que habría de venir. Su ascensión a los cielos significa que Él es nuestro Señor, quien vive y reina hoy:

> Él es la imagen del Dios invisible, el primogénito de toda creación, porque por medio de Él fueron creadas todas las cosas en el cielo y en la tierra, visibles e invisibles, sean tronos, poderes, principados o autoridades: todo ha sido creado por medio de Él y para Él. Él es anterior a todas las cosas, que por medio de Él forman un todo coherente. Él

> es la cabeza del cuerpo, que es la iglesia. Él es el principio, el primogénito de la resurrección, para ser en todo el primero. Porque a Dios le agradó habitar en Él con toda Su plenitud y, por medio de Él, reconciliar consigo todas las cosas, tanto las que están en la tierra como las que están en el cielo, haciendo la paz mediante la sangre que derramó en la cruz (Col 1:15-20).

Ese es un resumen del mensaje del evangelio. Pero ¿qué tiene que ver con la cultura humana y con nosotros como cristianos?

Esta es la idea central: en el evangelio, los cristianos nos unimos a Jesús por medio de la fe, y así recibimos nuestro antiguo trabajo. Somos restaurados a nuestro rol como gobernadores de la creación, porque Jesús hizo por nosotros lo que nosotros no podíamos hacer, y ahora estamos "en Él".

En Cristo, la cultura es nuestro llamado. Nuestra nueva identidad "en Cristo" lo abarca todo: "En conclusión, ya sea que coman o beban o hagan cualquier otra cosa, háganlo todo para la gloria de Dios" (1Co 10:31). El evangelio de Jesucristo confronta, recupera y edifica la cultura de muchas formas maravillosas, y todas en conformidad con las normas de Dios y para Su gloria.

Como estamos unidos a Cristo, ahora Su historia es nuestra. Es una historia maravillosa, porque en última instancia se trata de una re-creación de la cultura. Se trata de la vida y del florecimiento humano, y de ser parte de un nuevo orden mundial, como lo declara Pablo en 2 Corintios 5:17: "Por lo tanto, si alguno está en Cristo, es una nueva creación. ¡Lo viejo ha pasado, ha llegado ya lo nuevo!".

La re-creación empieza con nosotros, a nivel personal. Estamos siendo creados de nuevo y conformados a la imagen de

Jesucristo en nuestras vidas cotidianas: "Porque a los que Dios conoció de antemano, también los predestinó a ser transformados según la imagen de Su Hijo, para que Él sea el primogénito entre muchos hermanos" (Ro 8:29). Y esas son noticias maravillosas, porque ser conformados a la imagen de Cristo significa llegar a la plenitud: "... y en Él, que es la cabeza de todo poder y autoridad, ustedes han recibido esa plenitud" (Col 2:10). Todo es transformado y visto con ojos nuevos. Nuestro dolor y sufrimiento —si bien es real, triste y frecuentemente misterioso— nunca es aleatorio, sino que sirve para hacernos más como Cristo (Heb 12:6). Incluso la muerte, nuestro último enemigo, pasa a ser nuestra (1Co 3:22). En las palabras del Catecismo de Heidelberg, la muerte "le pone fin a nuestro pecado y es la entrada a la vida".

Pero también somos parte de algo mucho más grande. Los cristianos somos aquellos en quienes habita el Espíritu de Cristo, y tenemos que apropiarnos del mandato cultural que se le dio originalmente a Adán. Podemos cumplir con nuestra parte en la tarea que le fue dada a él. Pero nuestro énfasis es diferente. Solo Cristo puede redimir la Creación, pero "en Cristo" nuestras buenas obras se convierten en los medios a través de los cuales Dios extiende Su Reino en el presente. Como embajadores fieles de Cristo, proclamamos activamente Su señorío, no solo al mirar atrás al estado original de la creación, sino al anhelar el cielo nuevo y la tierra nueva. Esta creación será renovada y restaurada plenamente por la eternidad.

SÉ REALISTA

Cuando entendemos la trama de esta gran historia y el momento en el que nos encontramos, somos capaces de ser realistas. La realidad es que vivimos después de la resurrección, pero antes de la segunda venida de Jesús. Estamos en esa brecha entre el "ya" (lo que Cristo ha hecho) y el "todavía no" (lo que Él hará).

Reconocemos que vivimos en un mundo que gime como una mujer que sufre dolores de parto (Ro 8:22). Es un mundo donde aún nos frustramos, sufrimos y luchamos; un mundo en el que morimos. Es una realidad del tipo "niéguese a sí mismo, tome su cruz y sígame" (Mr 8:34, LBLA). Es un mundo donde nuestros emprendimientos culturales, aun los mejores, están teñidos por el pecado. Esto significa que la respuesta cultural del cristiano nunca debe ser ilusoria. Debemos ser cuidadosos de no enfatizar tanto el "ya" que nos olvidemos del "todavía no".

Al mismo tiempo, vivimos en una realidad donde hay esperanza, alegría y nueva vida. Reconocemos que gracias a la muerte y la resurrección de Jesús, el mundo ya no está de cabeza. Jesús es el Señor del universo. Esta es una realidad donde recibimos "cien veces más ahora en este tiempo" (Mr 10:30). Es un mundo donde los individuos, las familias, las comunidades y las culturas pueden ser transformados por el evangelio. Debemos ser cuidadosos de no enfatizar tanto el "todavía no" que nos olvidemos del "ya".

Hemos sido renovados, restaurados y recomisionados para apropiarnos de la tarea de construir culturas que glorifiquen a Dios, pues para eso Él nos creó. Esto *no* es una distracción del evangelismo. Después de todo, ¿cómo pueden las personas ser parte de la nueva creación si no escuchan el mensaje del evangelio? Debido a los efectos nocivos del pecado y a la realidad del infierno, el llamado al arrepentimiento y a la fe en Cristo sigue siendo el centro de nuestra misión, pero de una manera que está conectada con el mandato cultural. La forma en la que "ejercemos dominio", "llenamos y sojuzgamos" y "cuidamos y mantenemos" en este nuevo orden mundial es por medio de la conversión de hombres, mujeres y niños. Hemos sido llamados a ir y hacer discípulos de todas las naciones.

La iglesia también tiene un papel protagónico en los propósitos de Dios, con su propio rol distintivo en la transformación cultural. Los cristianos están en medio de una batalla con el mundo. La iglesia reunida es una carpa médica del ejército celestial. Los líderes de la iglesia son los médicos que fortalecen a las tropas: vendando nuestras heridas, alimentándonos con la Palabra de Dios y enviándonos de vuelta al mundo para que sigamos llevando todo pensamiento cautivo para que se someta a Cristo.

Los cristianos están en una guerra cultural cósmica. Pero la clave para ganar cualquier combate es conocer al oponente y tener una estrategia para poder vencerle. Y eso es lo que veremos en los próximos dos capítulos.

3

LA CULTURA EN FORMA DE HISTORIAS

Si salieras a las calles y preguntaras a la gente cuál es el significado y la importancia de la vida, el universo y todo lo demás, ¿qué crees que te dirían?

Puedo imaginar que recibirías muchas respuestas diferentes (aunque, por supuesto, todo el que se haya leído *La guía del autoestopista galáctico* hasta el final te dirá que la respuesta es "42").

¿Para qué estamos aquí? ¿Qué significa todo esto? ¿Cómo podemos ser felices? ¿Qué es bueno y qué es malo? ¿Qué es importante en la vida? Todos tenemos nuestras propias opiniones a la hora de responder estas preguntas fundamentales sobre la vida. Es por eso que la cultura, que es una expresión de esas respuestas, varía tanto de un lugar a otro y de una época a la otra. Recuerda nuestra definición breve de la cultura:

La cultura es el conjunto de historias que contamos que comunican significado acerca del mundo.

Pero este es el asunto: el mundo que nos rodea ya tiene un significado. Así que... ¿cuál es?

LA GRAN REVELACIÓN DE DIOS

Ya vimos que ser hechos a imagen de Dios significa que, dado que Dios habla y crea, nosotros también hablamos y creamos. Por supuesto, dependiendo del estado de nuestras raíces espirituales, nuestro fruto cultural pudiera estar maduro o pudiera estar podrido. Pero todos producimos *algo*. No podemos hacer otra cosa. Es lo que significa ser humanos. Pero es *exclusivamente* humano.

¿Qué quiero decir? En pocas palabras, nuestro hablar y nuestro crear no puede ser igual que el hablar y el crear de Dios, ¡porque Dios es Dios y nosotros no! Él es el Creador y nosotros solo somos criaturas, parte de la creación. Esta distinción es obvia pero es crucial. Dios crea de la nada. Antes de la Creación, solo estaba Dios: Padre, Hijo y Espíritu Santo. No había absolutamente nada más. Pero los humanos no pueden crear de la nada. Al menos estoy seguro de que yo no puedo.

Así que cuando creamos cultura solo podemos hacerlo a partir de materiales que ya existen. Por lo que, en un sentido, solo somos *constructores* de cultura, construyendo con materiales que ya estaban ahí. Tal vez llegamos a colocar algunos rieles en el ferrocarril cósmico de Dios, pero primero necesitamos que nos den las piezas. En ese sentido, nunca vamos a crear una cultura que sea *verdaderamente* original porque solo Dios puede hacer eso. Si bien la creatividad humana puede ser espectacular, nuestra creatividad es limitada porque somos criaturas y no el Creador.

Veamos con más detalle los materiales creados con los que construimos cultura, aquellas cosas que nos inspiran a contar nuestras historias y con las cuales hacemos un hogar aquí en el mundo. La creación tiene las huellas de Dios por todas partes. Como todo buen artista, puedes notar que es Su obra maestra con tan solo verla. La creación significa algo aun antes de que le agregáramos nuestro significado. La creación nos habla sobre Dios y sobre Su identidad. La creación es revelación, como dice David en el Salmo 19:

> Los cielos proclaman la gloria de Dios,
> y la expansión anuncia la obra de Sus manos.
> Un día transmite el mensaje al otro día,
> y una noche a la otra noche revela sabiduría
> (Sal 19:1-2, LBLA).

¿Y cuál es esta "sabiduría" que el mundo que nos rodea nos revela? Es útil pensar en lo que Dios revela de Sí mismo en términos de sombras y rayos de luz. Una vez tenemos claro el *verdadero significado* del mundo, ese que Dios le dio, podemos entender mejor los significados alternativos que los seres humanos comunican sobre él a través de la cultura (llegaremos a esa segunda parte un poco más tarde).

SOMBRAS

Los cristianos creemos que la historia tiene un destino específico. Creemos en los finales, en los ajustes de cuentas, en una justicia final. La Biblia describe un día de juicio en el que toda la humanidad tendrá que comparecer ante Dios y dar cuentas. La Biblia suele llamarlo "el día de la ira de Dios" (ver Sof 1:15; Ap 6:17).

La palabra "ira" trae a la mente todo tipo de imágenes que no tienen nada que ver con la definición bíblica. Cuando la Biblia habla de la ira de Dios, no está asumiendo que es arbitraria y descontrolada. La ira de Dios, a diferencia de la ira humana, es justa y objetiva. Es la repulsión y oposición de un Dios santo a todo el mal. Y nota que es Jesucristo, el Cordero de Dios, quien está en el centro del proceso en el día del juicio:

> Los reyes de la tierra, los magnates, los jefes militares, los ricos, los poderosos y todos los demás, esclavos y libres, se escondieron en las cuevas y entre las peñas de las montañas. Todos gritaban a las montañas y a las peñas: "¡Caigan sobre nosotros y escóndannos de la mirada del que está sentado en el trono y de la ira del Cordero, porque ha llegado el gran día del castigo! ¿Quién podrá mantenerse en pie?" (Ap 6:15-17).

Aquellos cuyos nombres no estén escritos en el "libro de la vida del Cordero" (Ap 13:8, LBLA) enfrentarán la "ira del Cordero". Esta imagen aterradora debe ser un llamado de atención para todos nosotros. Sin embargo, lo que es aún más aterrador es que hay tantas personas ignorando esta señal de alerta, como si estuvieran profundamente dormidos. Pablo advierte tanto a judíos como a no judíos en su carta a los romanos:

> Pero por tu obstinación y por tu corazón empedernido sigues acumulando castigo contra ti mismo para el día de la ira, cuando Dios revelará Su justo juicio (Ro 2:5).

Imagina una gran lona extendida como un techo donde un grupo de personas se refugian debajo de ella. Con el paso del tiempo, la lluvia se va acumulando y poco a poco la lona empieza a ceder. Los que están debajo no se dan cuenta. Creen que todo está bien...se voltean y siguen durmiendo. Pero en realidad hay un gran problema, pues el agua sigue cayendo y la lona sigue cediendo, hasta que llega ese horrible momento en donde todo colapsa. En el día de la ira de Dios habrá un colapso cósmico.

Pero eso no es todo lo que hay que decir sobre la ira de Dios. Unos versículos antes en Romanos, leemos que "la ira de Dios viene revelándose desde el cielo contra toda impiedad e injusticia de los seres humanos, que con su maldad obstruyen la verdad" (Ro 1:18). Sí, hay un día final de ira, pero también es cierto que toda la humanidad está experimentando la ira de Dios *ahora mismo*. Es como si Dios hubiera sacado una navaja y hecho una pequeña hendidura en la lona del cielo, de modo que hay "gotas de ira" cayendo poco a poco.

¿Por qué haría Dios estas hendiduras? Puede que suene contradictorio, pero son señales de la gracia de Dios. Estas "gotas de ira" nos están diciendo que algo muy malo está pasando, y que debemos hacer algo al respecto. Debemos escuchar y darnos la vuelta antes de que sea demasiado tarde. El día de Su ira es un problema demasiado grande como para ignorarlo. El nivel de peligro es crítico, y Dios nos lo dice de muchas maneras. En cosas pequeñas, como cuando nos lastimamos el dedo meñique del pie o se nos cae el teléfono y se rompe. O en la realidad de que tu sala se desordena, pero nunca "se arregla" sola.

También lo vemos en cosas grandes. Él nos habla de Su ira en toda la frustración, el quebrantamiento y la disfunción que vemos en el mundo; en todas las maneras en que nos actuamos en contra del diseño de Dios para la humanidad. Lo vemos en los desastres, en las enfermedades y en la deshonestidad. Más que nada, lo vemos en la muerte humana. Considera estas palabras del Salmo 90:

> Por causa de Tu ira se nos va la vida entera;
> se esfuman nuestros años como un suspiro.
> Algunos llegamos hasta los setenta años,
> quizás alcancemos hasta los ochenta,
> si las fuerzas nos acompañan.
> Tantos años de vida, sin embargo,
> solo traen pesadas cargas y calamidades:
> pronto pasan, y con ellos pasamos nosotros.
> ¿Quién puede comprender el furor de Tu enojo?
> ¡Tu ira es tan grande como el temor que se te debe!
> (Sal 90:9-11).

El simple hecho de que todos morimos es una señal del peligro de la ira de Dios. Como Adán y Eva, queremos "ser como Dios", pero nos damos cuenta prontamente de que nuestros días están contados.

Puede que mi caso sea inusual, pero a mí nunca se me ha acercado un amigo inconverso para decirme que se levantó por la mañana con una fuerte sensación de que estaba bajo la ira de Dios. Sin embargo, la Biblia me dice que experimentamos la ira de Dios todos los días, aunque no nos demos cuenta. Y la gente sí habla de las manifestaciones de esta ira, aunque no las perciban correctamente. Es toda la frustración y futilidad que sienten en la vida: el tránsito terrible, los bravucones en la escuela, los dolores de espalda, el negocio fallido, el diagnóstico de cáncer. *Todas estas sombras son una degustación del infierno en la tierra.* Y todo esto tiene valor puesto que es el mensaje de Dios para nosotros. Y demanda nuestra respuesta. De esto hablaba Jesús en Lucas 13:1-5:

> En aquella ocasión algunos que habían llegado le contaron a Jesús cómo Pilato había dado muerte a unos galileos cuando ellos ofrecían sus sacrificios. Jesús les respondió: "¿Piensan ustedes que esos galileos, por haber sufrido así, eran más pecadores que todos los demás? ¡Les digo que no! De la misma manera, todos ustedes perecerán, a menos que se arrepientan. ¿O piensan que aquellos dieciocho que fueron aplastados por la torre de Siloé eran más culpables que todos los demás habitantes de Jerusalén? ¡Les digo que no! De la misma manera, todos ustedes perecerán, a menos que se arrepientan".

Las sombras que experimentamos en esta vida nos advierten sobre la ira de Dios, y nos llaman a arrepentirnos antes de que sea demasiado tarde.

RAYOS DE LUZ

Sin embargo, no solo hay sombras sino que también hay rayos de luz. Sí, los cristianos creemos en el día de la ira y en la realidad del infierno, pero también creemos en un asombroso cielo nuevo y una asombrosa tierra nueva: un lugar donde solo habrá bendición y alegría. Allí habrá una ausencia total de maldad, dolor y tristeza. Juan, en Apocalipsis, lo describe de esta manera:

> Oí una potente voz que provenía del trono y decía: "¡Aquí, entre los seres humanos, está la morada de Dios!

Él acampará en medio de ellos, y ellos serán Su pueblo; Dios mismo estará con ellos y será su Dios. Él les enjugará toda lágrima de los ojos. Ya no habrá muerte, ni llanto, ni lamento ni dolor, porque las primeras cosas han dejado de existir".

El que estaba sentado en el trono dijo: «¡Yo hago nuevas todas las cosas! Y añadió: "Escribe, porque estas palabras son verdaderas y dignas de confianza" (Ap 21:3-5).

Estas bendiciones y alegrías no son solo para el futuro. En Su "gracia común", Dios derrama Su bondad libre y abundantemente sobre toda la creación: "Él hace que salga el sol sobre malos y buenos, y que llueva sobre justos e injustos" (Mt 5:45). Esta gracia común se ve en todas las maravillas de la creación, incluyendo todas las cosas maravillosas que podemos crear y experimentar como seres humanos. Es todo lo que habla de orden, amor, deseo, belleza, sabiduría y rectitud. Estos son alegres rayos de luz que reflejan y apuntan a la fuente de toda bondad: Dios mismo. Estos son regalos de gracia y debemos ser sabios para interpretarlos así. Son para ser recibidos con acción de gracias. Y así, al igual que las sombras, los rayos de luz nos hablan acerca de Dios.

De nuevo, puede que mi caso sea inusual, pero a mí nunca se me ha acercado un amigo inconverso a decirme que se levantó sintiendo la alegría de estar vivo y dándole gracias a Dios porque puede respirar y recibir todo lo demás. Sin embargo, la Biblia me dice que todos experimentamos la bendición de Dios todos los días, aunque no nos demos cuenta. Y la gente sí se siente "bendecida" y lo comparte cuando inicia una nueva relación, cuando recibe un gran ascenso o cuando disfruta unas vacaciones excelentes.

Son rayos de luz que vienen del sol. *Es una degustación del cielo en la tierra.* Y todo esto tiene valor puesto que es el mensaje de Dios para nosotros.

Y como todo mensaje importante, demanda una respuesta. ¿Cómo respondemos?

RESPUESTA #1: SUPRESIÓN

Dios nos habla a través de Su creación (y habla *a través* de nosotros, ya que nosotros también somos parte de esta creación). A través de las sombras, Dios nos dice que algo no está bien y que necesitamos darnos la vuelta. A través de los rayos de luz, Dios nos llama a responder con gratitud y alabanza.

¿Es así como solemos responder? Lamentablemente no. ¿Cómo tendemos a responder al megáfono de Dios? En resumen, nada bien.

> Porque la ira de Dios se revela desde el cielo contra toda impiedad e injusticia de los hombres que con injusticia restringen la verdad (Ro 1:18, LBLA).

Restringimos la verdad, tal como cuando alguien mantiene la cabeza de otra persona bajo el agua tratando violentamente de ahogarla. En nuestra rebelión contra Dios, tratamos de aplastarla, de disminuirla, de suprimirla, de pisotearla. Buscamos uno de esos marcadores gruesos y la tachamos.

Pero ¿cómo lo hacemos? Al crear nuestras culturas, le damos nuevos significados a cosas que ya Dios ha definido. Así que el dolor, el terror y lo antinatural de la sombra de la muerte —con los que Dios nos dice que algo está mal— ahora se perciben como parte del proceso tranquilo de “cruzar” de un mundo a otro. “No tengas temor: la muerte es perfectamente natural, debe ser abrazada. No es algo que debamos temer". Vemos esta presentación de la muerte en muchos aspectos de la cultura popular. Una de las canciones más famosas del 2015, "See you again" ["Te veré otra vez"]* de Wiz Khalifa y Charlie Puth, describe la muerte como algo sereno donde simplemente sigues una luz y te aferras a tus recuerdos.

La otra manera en la que restringimos la verdad sobre la muerte es que simplemente ignoramos el tema completamente y no lo mencionamos en público. Lo que es particularmente trágico es que las personas frecuentemente deciden interpretar el sufrimiento humano como evidencia de que a Dios no le importa o que Dios no existe, que es precisamente lo opuesto al propósito de Dios con el sufrimiento. La presencia del sufrimiento en nuestro mundo es una advertencia dolorosa, pero también es una muestra de amor porque tiene la intención de llevarnos al arrepentimiento y de librarnos de un sufrimiento mucho mayor después de la muerte.

De la misma manera, esos hermosos rayos de luz que Dios ha diseñado para llevarnos a la gratitud y la adoración son totalmente distorsionados. Recuerdo un fin de semana en el que estuve predicando a un grupo de estudiantes cristianos en una prestigiosa universidad de música. La mayor lucha para estos cristianos era resistir a la implacable (despiadada) cultura de competencia que caracterizaba el lugar. Los estudiantes de esa universidad tenían unos dones musicales asombrosos. El resultado de recibir esos dones debió haber sido gratitud hacia el Dador de esos dones. El propósito de esos dones era apuntar a Dios y bendecir a los demás.

---

* Esta canción sonó en la película *Rápidos y furiosos 7*, en la escena de despedida de Paul Walker.

Sin embargo, esos estudiantes terminaron usando sus dones para apuntar a sí mismos, alimentando así su orgullo y su ambición egoísta. Su meta principal era ser superiores a los demás estudiantes. Habían convertido los rayos de luz en sombras.

El problema no es que la comunicación de Dios sea inefectiva, sino que los seres humanos son tan pecaminosos y rebeldes que estamos determinados a no escucharla. Dios nos habla, pero terminamos ahogando Su voz con la nuestra. Y no es algo que hacemos una vez o esporádicamente, sino que lo hacemos constantemente. ¿Alguna vez has jugado en la playa a tratar de sentarte en una pelota mientras estás en el agua? Tratas de sumergir la pelota y de mantenerla allí, pero no tarda en escaparse y aparecer a dos pies de distancia, así que vuelves a empezar. Así sucede con la revelación de Dios y nuestra respuesta. Restringimos la verdad, pero no podemos restringirla por completo. Por más que intentemos evitarla, la realidad sigue obstruyendo nuestro camino.

Otra razón por la que la verdad sigue resurgiendo es porque estamos hechos a imagen de Dios, así que solo podemos hablar y crear como criaturas. ¡No podemos ni escribir historias de la nada! Es por eso que a través de los tiempos vemos historias con las mismas preguntas, las mismas tramas y los mismos temas, pues los autores no se resisten a ellos: una búsqueda de amor, una historia de éxito o de fracaso, un sacrificio heroico, un regreso a casa. Un teólogo los llama "puntos magnéticos": preguntas fundamentales a las que somos atraídos irresistiblemente. [1] Todas estas historias son ecos de la historia del evangelio.

La imagen de Dios es como una de esas velas inextinguibles que compras para hacer bromas en los cumpleaños. Podemos tratar de soplarla o de apagarla con los dedos mojados. Podemos lanzarle un vaso de agua o ponerle dinamita para deshacernos de ella. Pero nada de eso funciona. Vuelve a encenderse una y otra vez. Así que hay ocasiones, aunque sean efímeras, en las que podemos ver en la cultura el mensaje que nos quieren transmitir las sombras y los rayos de luz; ocasiones en las que podemos escuchar la voz de Dios por encima de nuestros gritos.

Dios continúa revelándose a Sí mismo, y nosotros continuamos restringiendo este mensaje. Por eso "nadie tiene excusa" (Ro 1:20). Conocemos la verdad, pero no queremos escucharla.

RESPUESTA #2: SUSTITUCIÓN

No solo restringimos la verdad, sino que la sustituimos por otras cosas, tal como Pablo continúa diciéndonos:

> A pesar de haber conocido a Dios, no lo glorificaron como a Dios ni le dieron gracias, sino que se extraviaron en sus inútiles razonamientos, y se les oscureció su insensato corazón. Aunque afirmaban ser sabios, se volvieron necios y cambiaron la gloria del Dios inmortal por imágenes que eran réplicas del hombre mortal, de las aves, de los cuadrúpedos y de los reptiles (Ro 1:21-23).

Cuando tratamos de deshacernos de la verdad, llenamos ese vacío con dioses sustitutos. Esto es lo que la Biblia llama idolatría: tornar cosas buenas en pequeños dioses. El hecho de que somos portadores de la imagen de Dios significa que somos adoradores por instinto. Así que cuando tratamos de ahogar la realidad, terminamos creando otras realidades torcidas a las cuales nos entregamos.

Piensa en las pesadillas. Nuestras pesadillas suelen contener aspectos ordinarios de nuestro día, pero se distorsionan tanto mientras dormimos que se convierten en algo monstruoso y grotesco, como nuestro reflejo cuando entramos al "salón de los espejos" en una feria.

Así mismo funciona la idolatría. Uno toma cosas buenas de la creación, las infla y las distorsiona hasta que las convierte en dioses funcionales. La cultura es lo que hacemos cuando muchos de nosotros tenemos la misma fantasía retorcida. Los ídolos nos presentan un falso evangelio que promete todo tipo de cosas, pero al final solo nos dejan desilusionados, desesperanzados y destruidos. Aún más importante, la idolatría siempre es una afrenta contra Dios y contra la manera en que Él ha decidido revelarse a nosotros.

Las sombras y los rayos de luz deben ser señales que apuntan a las realidades eternas. Esas gotas frías que caen continuamente sobre nuestro rostro deben servirnos de advertencia. Ese cálido rayo de luz en nuestro rostro debe llevarnos a dar gracias. Sin embargo, cuando estas señales son desconectadas de su significado en nuestras pesadillas, terminan apuntando a sí mismas en vez de a Dios. Es como pensar que el aperitivo es en realidad el plato principal. Cuando todas las esperanzas, los miedos, los deseos, las identidades y los anhelos de nuestra cultura solo apuntan a la realidad inmediata que hoy tenemos ante nuestros ojos, sin recordar el "todavía no", el resultado es terrible.

Las sombras de Dios nos dicen que hay algo que anda mal en el mundo y en la humanidad, y en lo profundo de nuestro interior lo sabemos, pero las historias que vemos en los libros, la televisión, el cine y las redes sociales de nuestra cultura son fantasías ilusas. El autor Grant Horner lo describe bien:

> Nos aferramos a perspectivas completamente irreales de la naturaleza humana, y se nos hace difícil reconocer

que "algo no anda bien" en el mundo. Por lo tanto, las personas tienden a irse en una de dos direcciones: o se vuelven idealistas, desconectándose de la realidad, o se vuelven cínicos, desconectándose de la humanidad. A esto se deben los dos grandes géneros clásicos: la comedia y la tragedia. En el primero, todo saldrá bien; en el segundo, todo el mundo morirá miserablemente. ¿Cuál de las dos será? ¿"La novicia rebelde" (1965) o "Los imperdonables" (1992)? ¿Escaparemos a los Alpes suizos cantando "Edelweiss"? ¿O moriremos en el piso de un salón de baile, rodeados de sangre y vidrios rotos, soñando con una casa donde nunca viviremos?[2]

Así que en respuesta a los mensajes de Dios, nuestra supresión y sustitución idolátricas conducen a culturas llenas de historias quebrantadas y fragmentadas. Crean mundos imaginarios que aparentan ser bastante posibles e ingeniosos. Pero debemos recordar que los ídolos distorsionan la verdad. Son como las carteras falsificadas: tal vez *parezcan* Gucci pero *no son* Gucci. Debido a que estas historias idolátricas son historias falsificadas, poseen destellos de la verdad y la realidad de la revelación de Dios. Pero en última instancia son pesadillas fantasiosas y horribles. Vivir en ellas y creer el guión que nos dan nos aleja de la realidad, de nosotros mismos y de nuestro Creador. Necesitamos una señal de alerta que nos despierte. Necesitamos una mejor historia.

¡DESPIERTA!

No estoy seguro de que sea lo mejor en términos médicos, pero siempre me alegro cuando mi esposa me despierta en medio de mis pesadillas. Me siento completamente aliviado cuando escucho las palabras: "Amor, no te preocupes. Es una pesadilla. No es real".

Como cristianos, creemos que solo el poder del evangelio de Jesucristo revelado en la Biblia puede despertarnos de nuestras pesadillas y regresarnos a la realidad. Solo el evangelio puede traer sanidad y poner cada cosa en su lugar correspondiente. Nos da una nueva manera de interpretar el mundo para verlo *como Dios mismo lo ve*, fundamentados en la nueva vida que Jesús produce en nosotros gracias a Su vida, muerte y resurrección. Recuerda que la nueva creación ya ha comenzado en todo aquel que ha recibido el Espíritu de Dios. Ahora tú y yo tenemos un rol en la proclamación del mensaje de Dios al mundo.

La Biblia es fenomenal en su uso de la sátira. En Isaías 40 – 55, el profeta da una clase magistral al comparar a Dios, el Santo de Israel, con los ídolos inútiles que las otras naciones construyen y adoran. El punto es que no hay comparación. ¿Cómo puede Israel ser tentado a seguir a algún otro dios cuando no hay otro? En el capítulo 44, Isaías ridiculiza al idólatra que, con el mismo trozo de madera, construye a su dios y prepara el fuego con el que cocinará su cena:

> No saben nada, no entienden nada;
> sus ojos están velados, y no ven;
> su mente está cerrada, y no entienden.
> Les falta conocimiento y entendimiento;
> no se ponen a pensar ni a decir:
> "Usé la mitad para combustible;
> incluso horneé pan sobre las brasas,
> asé carne y la comí.

¿Y haré algo abominable con lo que queda?
¿Me postraré ante un pedazo de madera?" (Is 44:18-19).

"No se ponen a pensar". La mayoría de personas que conozco no piensan en la cultura, ni en la adoración, ni en las cosmovisiones, ni en la idolatría, ni en la ira y la gracia que podemos percibir. Solo están viviendo sus vidas. Están viendo Facebook. O viendo televisión. No se ponen a pensar. Y parte de nuestra misión es ayudarlos a que se detengan y se pongan a pensar; tratar de levantarlos de su pesadilla y traerlos de vuelta a la realidad, de vuelta a la sanidad. Los ídolos que adoramos no pueden cumplir lo que prometen de ninguna manera. No nos dan explicaciones satisfactorias del mundo.

Nuestra tarea es hacer que las personas se pongan a pensar sobre su autoengaño, sobre los compromisos que hacen, las autoridades que siguen, las historias y los guiones que consumen. Y de ahí es fácil conectarlo con el evangelio.

"No se ponen a pensar". ¿Y tú? ¿Cuándo fue la última vez que te pusiste a pensar? Ya sea en la película que todo el mundo está comentando, o en el artículo que leíste, o en la canción que se te quedó en la cabeza. Los cristianos no somos inmunes a la seducción de estas historias idolátricas. ¿Recuerdas las palabras de despedida del apóstol Juan a los cristianos en su primera carta? "Queridos hijos, apártense de los ídolos" (1Jn 5:21). Pasamos nuestros días sumergidos en estas historias culturales, por lo que necesitamos aprender a consumirlas de una manera inteligente. Debemos aprender a identificar dónde están restringiendo la verdad, y a detectar las verdades que siguen resurgiendo, como ese balón que intentas sumergir en el agua pero que siempre sale a flote. Eso es interactuar con la cultura. No es tragarnos sus historias, sino usarlas para redirigir nuestra mirada una y otra vez a la historia del evangelio.

Podemos tanto confrontar como conectar el evangelio con cualquier historia quebrantada de nuestra cultura o de cualquier otra cultura. ¿Pero cómo? Hablaremos de eso muy pronto. Pero antes, necesitamos hacer una pausa para tratar un tema que tiende a ser un poco complejo.

4

"¿PUEDO VER...?"

Sabiendo que este es un libro acerca de la interacción con la cultura, es probable que ya hayas adivinado a qué se refiere el título de este capítulo...

> ¿Puedo ver [inserte cualquier programa o serie que tenga contenido sexual o violento] si soy cristiano?

Tal vez estabas esperando este capítulo. De hecho, puede que hayas venido directamente a este capítulo primero (¡yo probablemente hubiera hecho lo mismo!). La verdad es que he estado postergando su escritura. Y es que la respuesta corta es: "Depende...". Eso podría decepcionarte: "Gracias por iluminarme, Dan". Bueno, déjame explicarte.

Desde hace tiempo, preguntas como: "¿Puedo ver...?", "¿Debería ver...?" y "¿Dónde está el límite?" han causado mucha tensión (y muchos artículos) en nuestra subcultura cristiana. Los debates más recientes se han enfocado en series como *Mad Men* y *Game of Thrones*. Los muchos argumentos han sido presentados, respondidos, presentados nuevamente y respondidos nuevamente. Estoy exhausto solo de ver a la gente debatiendo. Si leyera todo lo que sale al respecto, ¡no tendría ni tiempo para ver las series aun si quisiera!

Los asuntos teológicos que se abordan en estas discusiones son tan antiguos como las montañas. Es la más reciente variación de la tensión de "estar en el mundo sin ser del mundo". Ese balance delicado es lo que impide que nuestra *libertad* cristiana se convierta en una *licencia* (un permiso para pecar) o en *legalismo* (un enfoque en las reglas). Se pudiera argumentar que es una señal de salud que estemos hablando acerca de estos temas. Creo que lo llaman una "tensión creativa". Lo que sí demuestra es que un par de versículos aislados, un par de artículos en internet y un par de comentarios nunca van a resolver estos asuntos de una vez por todas: cada generación tendrá que articular esta lucha a su manera.

CAMINANDO SOBRE UNA CUERDA FLOJA

Así que ¿por qué importa lo que vemos? En el capítulo dos presentamos cuatro razones por las que debemos interactuar con la cultura. Estas son las razones por las que debemos ser cuidadosos con las cosas que vemos (y que leemos, jugamos, compramos, escuchamos y usamos).

- Como creadores y consumidores de cultura, no tenemos opción. Estamos rodeados de estas cosas. Siempre vamos a estar viendo algo.
- Nos importa nuestro discipulado y el discipulado de otros; queremos honrar a Cristo con nuestra manera de vivir y ayudar a otros a hacer lo mismo.

- Nos importa contar a otros acerca de Jesús para que sean Sus discípulos; nuestras suposiciones culturales moldean la manera en que lo hacemos, y nuestras decisiones culturales pueden ser herramientas útiles.
- Como Sus embajadores y vicegobernadores, nos importa el señorío de Jesús sobre todas las cosas. Él merece ser glorificado en cada programa de televisión, en cada podcast y en cada historia de Instagram.

Cuando se consideran apropiadamente, es evidente que estas cuatro razones van de la mano, comparten juntas y se llevan muy bien entre ellas. Pero también pueden separarse fácilmente, por lo que empezamos a enfocarnos en una y a descuidar las otras. La clave para responder sabiamente a la pregunta "¿Puedo ver...?" es poder mantener estas cuatro razones en equilibrio.

El equilibrio entre estas verdades es algo que encontramos una y otra vez en la Escritura. El apóstol Juan —quien nos dice "Queridos hijos, apártense de los ídolos" (1Jn 5:21) y "No amen al mundo ni nada de lo que hay en él" (1Jn 2:15)— es el mismo Juan que escribe acerca de la interacción entre Jesús y la mujer samaritana (Jn 4) y quien luego nos presenta a Jesús orando por Sus discípulos antes de enviarlos *al mundo* (Jn 17:18).

El apóstol Pablo escribe acerca de hacerse "todo para todos, a fin de salvar a algunos por todos los medios posibles" (1Co 9:19-23). Y a la vez es el mismo apóstol que instruye a los discípulos a ser sabios en su manera de andar (Ef 5:15), a huir de la inmoralidad sexual (1Co 6:18), a guardar los mandamientos de Dios y la "ley de Cristo" (1Co 7:19; Gá 6:2), y a no tener "nada que ver con las obras infructuosas de la oscuridad, sino más bien denúncienlas, porque da vergüenza aun mencionar lo que los desobedientes hacen en secreto" (Ef 5:11-12).

Jesucristo, el Señor de toda la creación y Creador de toda buena dádiva, quien fue criticado por ser amigo de recaudadores de impuestos, prostitutas y extranjeros, y quien nos ordena hacer discípulos de todas las naciones, es el mismo Señor que nos advierte que "cualquiera que mira a una mujer y la codicia ya ha cometido adulterio con ella en el corazón. Por tanto, si tu ojo derecho te hace pecar, sácatelo y tíralo. Más te vale perder una sola parte de tu cuerpo, y no que todo él sea arrojado al infierno" (Mt 5:28-29).

DE QUÉ DEPENDE EL "DEPENDE"

De modo que la tensión es normal. Eso significa que para determinar si nuestra interacción con la cultura es lícita o es más bien idolatría, necesitamos sabiduría y discernimiento. ¿Cómo puedes saber lo que sí puedes ver y lo que no?

Bueno… depende. No hay una respuesta genérica ni una regla que aplique para todas las películas o situaciones. Considera algunos de los factores de los cuales depende este "depende".

Primero, todo el mundo tiene un *carácter* diferente porque somos individuos diferentes. El que seamos femeninos o masculinos tiene algo que ver con esto, pero no es lo único. Más precisamente, tenemos lo que Richard Lovelace llama nuestra "carne característica": las maneras particulares en las que nos desviamos y nos engañamos a nosotros mismos. Y sí, podemos ser muy habilidosos para el autoengaño.

Segundo, la *conciencia* de cada persona está calibrada de manera diferente, con niveles diferentes de sensibilidad (hablaremos de esto más adelante).

Tercero, nuestros *contextos* nos afectan, tanto la cultura a la que pertenecemos como nuestras redes relacionales. Para algunos de nosotros es más difícil evitar los charcos de lodo, especialmente cuando aquellos que amamos están metidos hasta el cuello, chapoteando felices, pero hundiéndose cada vez más. Al extenderles una mano para tratar de sacarlos, siempre corremos el riesgo de ensuciar nuestra ropa.

Por último, una dosis saludable de *sentido común* santificado hará que ciertas decisiones morales sean más fáciles que otras. El dinero, el sexo y el poder son áreas en las que debemos ser cuidadosos; debemos ser intencionales en guardar nuestros corazones de manera que no terminemos pensando como lo hace el mundo en estas áreas. De hecho, estos peligros son relativamente obvios. Pero debemos ser cuidadosos con áreas que son más sutiles y que pueden ser igualmente dañinas.

Por ejemplo, los cristianos están muy preocupados con la creciente sexualización de nuestra cultura, pero ¿qué de la *sentimentalización* de nuestra cultura? El sentimentalismo es indulgencia emocional, de tal modo que lo que sientes se convierte en lo más importante. Lo vemos frecuentemente en la reacción pública a la muerte de alguna celebridad. Aunque la intención aparenta ser buena, el sentimentalismo no es más que egoísmo. Dirige nuestras emociones a nuestras propias emociones, de tal manera que siempre somos el protagonista de nuestra historia. Aunque finge preocuparse por el "otro", solo se preocupa por sí mismo; el "otro" es un medio para un fin (experimentar algún sentimiento). El sentimentalismo nos permite expresar públicamente una emoción sin el compromiso que conllevan las relaciones en la vida real. Como tal, el sentimentalismo es simplista. No deja espacio para los matices, la complejidad y la fortaleza. Este mundo sentimental no tiene categorías intermedias: solo hay buenos y malos, víctimas y abusadores. Cada situación demanda una respuesta inmediata.

¿No es esta la descripción de un montón de programas de televisión y de "comedias" para niños de Disney Channel y Nickelodeon? Pudiéramos pensar que estos programas son bastante inofensivos para nosotros y para nuestros hijos porque no están saturados de sexualidad, malas palabras y violencia. Pero son terriblemente sentimentales y su efecto es altamente nocivo, pues nos presentan un mundo de fantasía que nos anima a sentir en clichés. O considera *El gran showman*. Por un lado, es una película para toda la familia con un mensaje que nos pone contentos y una banda sonora que es muy pegajosa. Pero esa satisfacción que quiere producir en nosotros es parte del problema: todo es demasiado fácil. Las cosas se resuelven demasiado rápido con una canción emotiva, y los personajes regresan al circo a bailar con tigres hechos por computadora. La vida real es más compleja.

Eso no significa que nunca deberíamos ver este tipo de cosas o que no deberíamos dejar que nuestros hijos las vean, pero a veces tenemos que señalarlas. Cuando vemos estos programas en casa y llega algún momento particularmente cursi o que presenta alguna mentira, grito: "¡Tontería!".

También hay un aspecto público y político en todo esto. La presión del sentimentalismo para que las cosas se simplifiquen y las respuestas sean rápidas implica que las autoridades pueden ser forzadas a dar respuestas rápidas y así evitar la difícil y larga tarea de pensar en soluciones a largo plazo (que son las que demuestran un cuidado genuino). Aunque el hecho de que Ariana Grande haya cantado "Somewhere over the rainbow" ["Sobre el arcoíris"] después de los bombardeos del Manchester Arena en el

2017 nos habla de la solidaridad y de la importancia de las expresiones colectivas de duelo, no logrará derribar a ISIS.

¿Estoy siendo demasiado cínico? Tal vez. Pero este es el punto: cuando consumimos cultura, el sexo no es el único peligro que vamos a enfrentar.

LAS CINCO SOLAS

Si "depende" depende de todas esas cosas, ¿cómo podemos saber qué hacer con este o aquel artista, aquel programa de televisión, aquella novela o aquella película? Al profundizar en estas cosas, a veces termino un poco desorientado. Pero hay algo que siempre me reenfoca y me da perspectiva. Y viene de una fuente inesperada.

Tal vez recuerdes que en el 2017 se celebraron los 500 años de la Reforma Protestante, un período de la historia en el que Europa redescubrió las verdades esenciales de la Biblia. Durante ese verano del 2017, me pidieron que diera una serie de conferencias sobre las *Cinco Solas* de la Reforma (cinco lemas que llegaron a caracterizar todo lo que significa ser protestante): *Sola Scriptura, Sola Gratia, Sola Fide, Solus Christus, Soli Deo Gloria*.

En ese momento, pensaba que preparar este material sería un descanso de todos estos asuntos culturales del siglo veintiuno. Pero mientras me preparaba, quedé sorprendido por la relevancia de estos lemas para todo lo que tiene que ver con la interacción cultural. Estas preciosas verdades, que son el motor de nuestra fe, nos sirven como fundamentos, como cercas y como banderas. Son útiles como filtros a través de los cuales podemos medir nuestro consumo y creación de cultura. Veamos cada una de ellas.

Sola Scriptura

Sola Scriptura [solamente la Escritura] declara que la Biblia es nuestra autoridad suprema, y que debemos interpretar el mundo a través de la Palabra. Esto implica no solo pensar *acerca de* la Biblia (aunque, por supuesto, debemos hacerlo), sino que también implica *mirar a través de* la Biblia, pensar *bíblicamente* acerca de todo lo demás. No es solo tomar algunos versículos, algunas historias y algunas verdades de manera aislada, sino profundizar y conectar. La Biblia tiene estructuras y patrones repetidos que sirven como lentes de rayos X que nos permiten ver *todo* lo que hay en el mundo en *todo* momento y cómo es *en realidad*. Ya hemos hablado sobre algunos de estos patrones en este libro, pero hay muchos otros, varios de los cuales se establecen en el libro de Génesis.[1]

A diferencia de mi hija, que solo usa sus lentes para ver televisión, nosotros debemos usar nuestros lentes de rayos X todo el tiempo para observar y juzgar todo lo que hacen los seres humanos. El autor C. S. Lewis dijo: "Creo en el cristianismo así como creo que el sol ha salido, no solo porque lo veo, sino porque por él veo todo lo demás".[2] Lewis estaba haciéndose eco del salmista: "… en Tu luz podemos ver la luz" (Sal 36:9).

Como ya hemos visto, si no estamos viendo el mundo a través de la historia de la Biblia, seremos presa de muchos que quieren engañarnos con sus filosofías y creencias, sus "grandes historias". Andan merodeando en nuestra sociedad, buscando ser grandes intérpretes del universo. Más específicamente, andan merodeando "por debajo" de nuestra sociedad. Estas historias son los timbales que marcan la clave, el ritmo de la salsa debajo de la superficie, pero muchas veces no los notamos porque nos quedamos en la superficie, interpretando todo lo que vemos y lo que escuchamos como un desorden aleatorio y confuso. Estas "grandes historias" influyen sobre nuestra percepción de lo que es importante (y por qué lo es), del bien y el mal, y del tipo de acciones que son apropiadas para promover lo "bueno" y resistir lo "malo". De nuevo, usualmente no nos *enfocamos* en estas otras historias porque nuestra cultura ya las asume.

Sin embargo, de vez en cuando vemos destellos de lo que está pasando. Recuerdo con cierta preocupación cuando entré al cuarto de mi hijo luego de su primer semestre en la universidad. Estudiaba geografía, y ese día los libros que le habían requerido estaban allí en el suelo. La mayoría de ellos eran del ateo Michel Foucault, cuyas grandes teorías sobre el conocimiento, el poder y la sexualidad han sido increíblemente influyentes en nuestra sociedad, inclusive en el estudio de la geografía. No hay duda de que estas teorías han influenciado a quienes vemos en la televisión, y en otros medios y artes.

Si no discernimos, articulamos y persuadimos a otros con el diseño de la Biblia para el crecimiento y florecimiento de la vida humana y de la cultura, otros lo harán... y lo están haciendo. Pero estas historias alternas no proveen esperanza. Así que cuando estés viendo algo, o preguntándote si debes verlo, hazte estas preguntas:

- ¿Por qué todo el mundo piensa que esto es bueno o importante? ¿Qué revela acerca de lo que ellos piensan que es importante o elogiable?
- ¿Por qué disfruto esto, o pienso que lo disfrutaría? ¿Qué revela sobre lo que me parece importante o elogiable?
- ¿Cómo se compara esto con el patrón de la Biblia? ¿Está la Biblia de acuerdo con que estas cosas son importantes o elogiables? ¿O vienen estos mensajes de una "gran historia" alternativa?

Sola Gratia

Sola Gratia [solamente por la gracia] nos recuerda que nuestra aceptación delante de Dios no está basada en algo que podamos "hacer", sino en lo que Dios ya ha "hecho" en Cristo. No contribuimos nada. No podemos ganarnos la salvación, pues es un regalo gratuito.

¿Cuál es la relevancia cultural de esto? Esto implica que nuestra razón para ver o no ver algo debe estar enfocada en la gracia. Debemos ser cuidadosos con cualquier explicación que ponga los imperativos (p. ej.: sé santo) *antes* de los indicativos (p. ej.: *eres* santo *en Cristo*). El orden es importante. Si soy salvo solo por gracia, entonces la motivación detrás de mis decisiones culturales no es seguir las reglas para impresionar a Dios o probar que soy digno, sino amar y honrar a Dios por lo que Él ya ha hecho por mí.

Segundo, algo no está bien si un debate cultural nos lleva a preocuparnos por la supervivencia de la iglesia o por el riesgo de perder la fe. Es casi como si creyéramos que tenemos que tomar el mando y hacer algo urgentemente, porque Dios se ha quedado dormido. Pero si somos salvos solo por gracia, entonces es Dios quien hace *todo*. Él es soberano y está en control de la nave; ningún programa de televisión puede llevarnos a un iceberg si nuestro Padre está al mando. No estamos diciendo que el Nuevo Testamento no nos llama a mantenernos en guardia contra el pecado, porque sí lo hace (p. ej.: Ef 5:3-6). Volveremos a esto en un momento. Pero hay un peligro opuesto. Mike Cosper lo explica muy bien al decir:

> La gracia moldea nuestros encuentros con el mundo al prometernos, en primer lugar, que nada puede hacernos un daño eterno y, en segundo lugar, al motivarnos a

> buscar mejores alternativas, mejores estándares, mejores maneras de pensar acerca de la cultura. Donde la ley nos motiva con la posibilidad de castigo, la gracia nos motiva con la promesa de gozo. Podemos entrar al mundo y sentirnos invitados a hacerlo. Este es el mundo de nuestro Padre. ¿Qué queremos explorar hoy?[3]

Esto significa que podríamos preguntarnos lo siguiente a la hora de considerar alguna opción cultural:

- Si mi instinto me está diciendo que no lo haga, ¿a qué se debe? ¿Ese instinto viene de un imperativo o de un indicativo?
- ¿Será que mi temor es incorrecto? ¿Estoy tratando de disfrutar la vida como hijo de mi Padre?

Sola Fide

Sola Fide [solamente por la fe] me recuerda que es solo por la fe que puedo unirme a Cristo y recibir todos Sus beneficios.

Estos beneficios incluyen lo que Juan Calvino llamaba "doble gracia". Primero, a través de nuestra fe inicial, somos reconciliados con Dios. Eso significa que la justicia perfecta de Cristo se convierte en *nuestra* justicia perfecta. Segundo, a medida que perseveramos en la fe, somos "santificados por el Espíritu de Cristo [para que] podamos cultivar la rectitud y la pureza en nuestras vidas".[4] En vez de andar de puntillas tratando simplemente de evitar el mal, nuestra fe viva nos impulsa a procurar las buenas obras en nuestras iglesias y comunidades, trayendo bendiciones a individuos, a familias y a la sociedad: "Les hablo así, hermanos, porque ustedes han sido llamados a ser libres; pero no se valgan de esa libertad para dar rienda suelta a sus pasiones. Más bien sírvanse unos a otros con amor" (Gá 5:13). Nuestras buenas obras incluyen nuestras actividades culturales, pues son parte de la manera en que ejercemos dominio sobre la tierra y la llenamos. Recuerda, no somos meros consumidores, somos creadores.

Considera esto. En el debate sobre "¿Puedo ver...?", una de las razones por las que pudiéramos estar dispuestos a soportar ciertos aspectos negativos de algunos programas de televisión es el beneficio que recibimos de lo positivo, como la impresionante destreza de contar historias complejas con sutileza, o la capacidad de crear mundos de una manera artística que nos deja boquiabiertos. Y aquí quisiera hacer algunas preguntas difíciles: ¿Será posible que debido a que nuestras despensas culturales están vacías, nuestras imaginaciones hambrientas se ven forzadas a vivir de las sobras del mundo? ¿Estamos siempre consumiendo cultura y nunca creándola? ¿Por qué no estamos dispuestos, como cristianos, a contar historias mejores con realismo, imaginación, sutileza, complejidad y belleza, pero sin esos aspectos que las hacen más difíciles y negativas para nosotros? ¿Por qué no estamos siendo estratégicos en localizar, discipular, suplir y enviar a cristianos talentosos a servir en las artes y en los medios?[5]

Puedes comenzar contigo mismo. Escribe un poema, tararea una melodía, dibuja una imagen, imagina una trama, redacta un guion. Para crear más de lo que consumimos, tendremos que tomar decisiones conscientes. El día solo tiene 24 horas. Necesitamos priorizar. Nuestros hábitos en las redes sociales deben ser examinados cuidadosamente para que podamos estar menos distraídos y ser más disciplinados al ejercitar nuestras mentes.[6] Pero nuestras imaginaciones hambrientas nos lo agradecerán.

Así que al considerar alguna opción cultural ("¿Puedo ver [inserte el título aquí]?"), pregúntate:

- ¿Cuál es el beneficio que quieres disfrutar al exponerte a esto? ¿Hay alguna manera en la que pudieras crear cultura que celebre ese beneficio sin tener que comprometer tu fe?
- ¿Cómo pudieras sacar más tiempo para crear cultura? ¿Cómo puedes animar a tus hermanos en Cristo a hacer lo mismo?

Solus Christus

Solus Christus [solamente en Cristo] declara que la salvación es posible únicamente por la muerte y la resurrección de Cristo, pues Él es el único mediador entre Dios y los hombres.

Como hemos dicho en capítulos anteriores, somos criaturas creadas a imagen de Dios, diseñadas para tener una relación eterna con Él y para ser trascendentes. Aunque el mundo a nuestro alrededor suprime esta verdad argumentando que lo único que tenemos es "la vida debajo del sol", es imposible erradicar nuestra percepción de lo divino. Resurgirá en todo lo que hagan los seres humanos. Cuando nos detenemos a observar, lo vemos en todas partes. Todo lo secular está impregnado con el anhelo por encontrar un sentido más profundo. A pesar del mensaje que quieran transmitir, no es fácil hablar y actuar todo el tiempo como si solo existiera este mundo material.

Sin embargo, *Solus Christus* significa que no debemos enfocarnos en esa perspicacia. Sí, nuestra cultura siempre está buscando algo más. Pero a menos que esa búsqueda culmine en el Jesús de las Escrituras, no logrará salir del mundo de la idolatría. Ideas ambiguas sobre la trascendencia, la fe, la espiritualidad y hasta el teísmo no son suficientes, porque la salvación solo puede ser por medio de la fe en Cristo. Puede que las personas estén buscando a Dios (Hch 17:27), pero lo hacen como el cíclope cegado que andaba a tientas buscando a Odiseo y a su pandilla en la mitología griega.

Sin embargo, durante dos mil años, los líderes en la creación de cultura con frecuencia han sido atraídos magnéticamente a Jesús y a las preguntas que Él presenta a la humanidad sobre quién es Él (explorando temas de trascendencia e inmanencia) y sobre lo que Él ha hecho (temas de sacrificio, perdón y victoria). En toda manifestación cultural hay un punto de contacto con el Jesús verdadero que podemos usar para predicar el evangelio. Jesucristo es relevante: ayer, hoy y para siempre.

Segundo, *Solus Christus* es un recordatorio sobrio de nuestro llamado a la santidad. En 1 Pedro 1:17-19, el apóstol dice que debemos vivir con un temor reverente, puesto que fuimos "rescatados de la vida absurda que heredaron de sus antepasados. El precio de su rescate no se pagó con cosas perecederas, como el oro o la plata, sino con la preciosa sangre de Cristo, como de un cordero sin mancha y sin defecto". Debemos ser cuidadosos de no conducirnos de una manera que sugiera que nuestro nuevo nacimiento no importa o que Cristo entregó Su vida en vano. John Piper nos sacude con estas palabras: "Cada vez que decidimos apoyar, abrazar, disfrutar o ir tras la impureza, tomamos una lanza y la clavamos en el costado de Jesús. Él sufrió para liberarnos de la impureza".[7]

Eso nos deja con las siguientes preguntas al considerar si "¿Podemos ver…?":

- ¿De qué manera comunica esta porción de la cultura un anhelo por "algo más"? ¿Cuál es su "punto de contacto" con Cristo?
- ¿Refleja mi actitud hacia esta porción de la cultura un "temor reverente" hacia Dios? ¿Verlo me llevaría a apoyar, abrazar,

disfrutar o a ir tras la impureza? ¿Qué dice esto de mi actitud hacia Cristo?

Soli Deo Gloria

Por último, *Soli Deo Gloria* [solamente a Dios sea la gloria]. Este es el pegamento que une a todas las solas y que las resume: nosotros no aportamos nada, todo se trata de Él. Todo existe para mostrar las excelencias de Dios y para que Su nombre sea conocido. Él se glorifica a Sí mismo en nosotros y a través de nosotros, Su pueblo. Pero no debemos imaginar que Dios es un megalómano egocéntrico. Dios nos ha creado de manera que encontramos nuestro mayor gozo y satisfacción al vivir para Su gloria. En capítulos anteriores vimos el mandato cultural y nuestro llamado y vocación de llevar todo pensamiento cautivo a Cristo. De modo que lo que determina si estamos siendo fieles en nuestro consumo y creación de cultura es si Dios está siendo glorificado o no. Todo lo que hagamos puede y debe ser hecho para Su gloria: "... ya sea que coman o beban o hagan cualquier otra cosa, háganlo todo para la gloria de Dios" (1Co 10:31).

Por tanto, nuestra última pregunta es muy simple:

- ¿Ver ______________ glorifica a Dios?

CUATRO GUÍAS Y UN RECORDATORIO

Así que estas son las preguntas que debemos hacernos al considerar las opciones que ofrece Netflix. Pero hay otras guías prácticas que pueden ayudarnos a ser fieles en nuestro consumo de cultura.

Tenemos un filtro interno que llamamos nuestra *conciencia*. Para los cristianos, este es un testigo interno dado por Dios que sirve como un sistema de alerta. Las Escrituras nos enseñan que siempre debemos obedecer nuestra conciencia (Ro 14; 1Co 8). Así que, como regla general, si te parece que ver algo estaría mal, no lo hagas. También recuerda que nuestra libertad en Cristo no debe ser piedra de tropiezo para aquellos cuyas conciencias le dicen algo diferente. Por tanto, aunque puedas ver algo con limpia conciencia, ¡no estés proclamándolo delante de un cristiano cuya conciencia le impida hacer lo mismo! "Los fuertes en la fe debemos apoyar a los débiles, en vez de hacer lo que nos agrada. Cada uno debe agradar al prójimo para su bien, con el fin de edificarlo" (Ro 15:1-2). Habiendo dicho esto, recordemos que nuestra conciencia no es una guía infalible. Puede que sea demasiado sensible, y también puede que esté endurecida (1Ti 4:2; Heb 10:22). Pero nuestra conciencia puede ser una ayuda, especialmente cuando ha sido cuidada, entrenada y calibrada por la verdad.[8]

Tenemos un filtro externo que llamamos *amigos* cristianos: esos hermanos que nos conocen bien y con quienes podemos ser honestos y rendirnos cuentas mutuamente. ¿Qué tal si decidimos ver películas y series con nuestra comunidad en lugar de hacerlo individualmente? Esto nos brinda la oportunidad de tener conversaciones antes y después (e incluso durante, de ser necesario) para reflexionar sobre el contenido. Una vez más, la comunidad no es una varita mágica (si podemos engañarnos a nosotros mismos, sin duda podemos engañar a otros), pero es una ayuda.

Luego está el cuerpo de Cristo, la *iglesia*. Recuerda que nuestras reuniones semanales no son un mero evento social entre cristianos. Más bien, son como una carpa médica a la que se envían los soldados para que luego puedan volver al campo de batalla. Es donde nos limpian nuestros lentes de rayos X. Se nos recuerda que lo que Dios ha dicho es verdaderamente importante y digno de alabanza; allí renovamos nuestro asombro por la historia de la

Biblia y somos equipados para atesorar a Cristo y vivir para Él en el mundo.

Por último, está la *evasión*. Con esto me refiero a formas de evitar y esquivar obstáculos con los que no nos conviene encontrarnos:

- Las manos sobre los ojos
- El dedo listo en el botón para adelantar
- El uso de tecnologías y servicios de filtros como VidAngel, que son cada vez más sofisticados

De nuevo, estas cosas no garantizan una protección infalible. Si llega un momento en el que estamos pasando más tiempo con las manos sobre los ojos, viendo toda la película al triple de su velocidad, o viendo clips salteados y desconectados porque la mayor parte se tuvo que filtrar, entonces ¿cuál es el punto? ¿Para qué verlo?

Finalmente, recordemos que si decidimos que no debemos ver algo, tampoco estamos totalmente descalificados para comentar sobre el tema con amigos inconversos si vemos una oportunidad de conectarlo con el evangelio. Todavía podemos leer sobre ello. De hecho, nuestra *abstención* podría ser un testimonio contracultural que atrae a las personas al evangelio.

UN CHEQUEO DE SALUD CULTURAL

Termino este capítulo proponiéndote un reto. Esta semana, aparta una hora a solas, o con alguien cercano a ti, para hacer una revisión de tu consumo y creación de cultura. En oración, pasa todo lo que estés escuchando, viendo y haciendo por el filtro de las *Cinco Solas* y examina la salud de tu corazón. ¿Está funcionando bien? ¿O necesita más ejercicio? ¿Está tan obstruido que necesita una intervención? Esto podría renovar tu vida cultural para que a través de ella puedas bendecir a otros y conectarlos con la verdad. En el próximo capítulo veremos cómo hacerlo.

5

CONFRONTAR Y CONECTAR: LA TEORÍA

"Me encanta que los planes salgan bien".
Hannibal, *Brigada A (Los magníficos)*

Hemos visto bastante desde que empezamos el espectáculo con Miley Cyrus. Ya es hora de hacer inventario y empezar a juntar las piezas. Hemos sentado las bases para responder por qué al cristiano debe importarle la interacción con la cultura, qué es la cultura y cómo funciona. En el capítulo anterior consideramos cómo podemos poner nuestros corazones en el lugar correcto al consumir y crear cultura como discípulos de Cristo. En los próximos capítulos vamos a presentar un plan para interactuar con la cultura de maneras prácticas. Recuerda, como seguidores y embajadores del Señor Jesús, queremos que esta interacción haga que nuestro amor por Él crezca, y que compartamos el evangelio a otros con más claridad y poder persuasivo.

Así que alista tus maletas y ponte protector solar. Vamos rumbo a Grecia.

DESTINO: CORINTO

Corinto en el primer siglo: una ciudad viva, llena de comercio y múltiples culturas. En sus calles puedes encontrar diversos templos a deidades griegas, una sinagoga judía y, desde hace poco, una pequeña comunidad de cristianos. Es a esta iglesia joven que el apóstol Pablo le escribe:

> El mensaje de la cruz es una locura para los que se pierden; en cambio, para los que se salvan, es decir, para nosotros, este mensaje es el poder de Dios. Pues está escrito:
>
> "Destruiré la sabiduría de los sabios;
> frustraré la inteligencia de los inteligentes".
>
> ¿Dónde está el sabio? ¿Dónde el erudito? ¿Dónde el filósofo de esta época? ¿No ha convertido Dios en locura la sabiduría de este mundo? Ya que Dios, en Su sabio designio, dispuso que el mundo no lo conociera mediante la sabiduría humana, tuvo a bien salvar, mediante la locura de la predicación, a los que creen. Los judíos piden señales milagrosas y los gentiles buscan sabiduría, mientras que nosotros predicamos a Cristo crucificado. Este mensaje es motivo de tropiezo para los judíos, y es locura para los gentiles, pero para los que Dios ha llamado, lo mismo judíos que gentiles, Cristo es el poder de Dios y la

sabiduría de Dios. Pues la locura de Dios es más sabia que la sabiduría humana, y la debilidad de Dios es más fuerte que la fuerza humana (1Co 1:18-25).

EL EVANGELIO QUE CONFRONTA

Hace unos años viajé a Manchester para participar en un programa de la estación BBC Radio 4 llamado *Beyond Belief* [*Más allá de la fe*], cuyo anfitrión era Ernie Rea. El tema de discusión era "el infierno". Como he escrito sobre este tema a lo largo de los años, de vez en cuando me invitan a hablar sobre eso; soy "ese hombre extraño que cree en la postura tradicional sobre el infierno". Ese día también habían invitado a un catedrático de una universidad teológica liberal y a un periodista católico. Basta con decir que su perspectiva del infierno no era bíblica, y en la medida en que avanzaba la discusión aumentaba nuestro desacuerdo.

Lo que se ha quedado conmigo sobre ese día no fue que mis compañeros panelistas pensaran que la posibilidad de que Dios castigara a los pecadores era una barbaridad, aunque sí pensaban eso mismo. Ni tampoco que les ofendiera la justicia de Dios, aunque ese era el caso. No, lo que más me chocó fue que su mayor escepticismo vino cuando hablé de la gracia de Dios: "¿¡Me estás diciendo que una persona puede vivir una vida terrible y que con tal de confesar sus pecados puede ser perdonado por Jesús y no ir al infierno?!". Ellos pensaban que tanto la justicia como la gracia eran absurdas y risibles.

Pero el encuentro entre la ira de Dios —Su enojo santo y justificado por el pecado— y la misericordia de Dios —Su perdón inmerecido y total de pecados— está en el centro del mensaje cristiano. A lo largo de la Biblia vemos un equilibrio entre estas dos verdades. Son dos realidades aparentemente imposibles de reconciliar... hasta que Jesucristo fue crucificado. En ese día, la ira de Dios fue vertida sobre Su Hijo para que Él pudiera extendernos misericordia. Ahora la única manera de ser salvos —¡la *única* manera!— es confiando en la muerte y resurrección de Cristo.

Pero esto le suena muy extraño al mundo: "El mensaje de la cruz es una locura para los que se pierden; en cambio, para los que se salvan, es decir, para nosotros, este mensaje es el poder de Dios" (v 18).

¿Por qué les parece una locura? Porque, como dice 1 Corintios 1:18-25, el evangelio de Jesucristo confronta a *todas* las culturas. No hay un lugar en el mundo donde esto no suene extraño. La idea de un Salvador que muere en una cruz de madera reservada para criminales es una contradicción total de la manera en que opera el mundo. Nosotros no hubiéramos escrito la historia de esa manera. Es completa locura. Es un escándalo. Es profundamente ofensivo. Pero es a través de este mensaje que Dios se complace en salvar a los que creen (v 21).

La extrañeza contracultural de este mensaje implica que siempre será difícil compartirlo con los que se pierden. Cuando se trata del evangelismo, siempre habrá, en las palabras del evangelista Rico Tice, una "línea de dolor" que debemos cruzar. Siempre habrá un elemento de confrontación, un choque entre la manera en que el inconverso ve el mundo y la manera en que Dios ve el mundo. Necesitamos que el Espíritu Santo nos ayude a resistir la tentación de evitar la confrontación, ya sea diluyendo el mensaje o dejando fuera las partes más incómodas. No podemos avergonzarnos de Dios ni del evangelio.

Y cuando se trata de nuestro propio discipulado, también somos tentados a cambiar lo que Dios requiere de Sus seguidores para que nuestras vidas puedan verse más como las de los inconversos que nos rodean. Somos tentados a hacer que nuestros valores se parezcan a los del mundo. Tristemente, todos conocemos muchos ejemplos de personas que sucumben a esta tentación. Debemos orar sin cesar para que este no sea nuestro caso.

EL EVANGELIO QUE CONECTA

Sin embargo, hay algunos cristianos que no tienen problemas con la confrontación. Le dan la bienvenida a la ofensa. Por eso predican el mismo mensaje a todo el mundo. "Total, ¿qué importa?", piensa esta persona. "El evangelio es el evangelio, ¿no? Hacer cualquier otra cosa es complicar lo sencillo. O lo que es peor, adaptar el mensaje de Cristo crucificado a nuestra audiencia puede comprometer el evangelio, quitándole su poder. No nos es útil hablar del evangelio como algo plausible o atractivo, pues el evangelio es una ofensa".

Pero no creo que Pablo pensara así. Más bien, él intencionalmente señala que hay dos grupos de personas con dos culturas distintas: "Los judíos piden señales milagrosas y los gentiles buscan sabiduría" (v 22).

Primero menciona a los judíos, cuya cosmovisión gira en torno al poder. Ellos crecieron escuchando las historias del Antiguo Testamento sobre el poder de Dios y las señales milagrosas: cómo el pueblo de Dios atravesó el Mar Rojo entre dos paredes de agua; la caída de las murallas de Jericó; reyes ricos como Salomón, quien era visitado por otros reyes y reinas de otras partes del mundo que iban a rendirle homenaje. Lo que les importa es el poder.

Y luego menciona a los griegos, cuya cultura valora la sabiduría. Su historia está llena de pensadores brillantes como Sócrates, Platón y Aristóteles. Se enfocan en los debates, los argumentos racionales, la retórica, la filosofía, el conocimiento. Lo que les importa es la sabiduría.

Los judíos no buscan la sabiduría y los griegos no buscan el poder. Tienen culturas muy diferentes y son cautivados por historias diferentes. En ese sentido, si el contexto cultural de las personas a quienes evangelizamos es totalmente irrelevante, entonces ¿por qué Pablo los distingue?

Alguien podría decir que tal vez los distingue simplemente para resaltar el gran contraste que hay entre Cristo y cada cultura. Ya sea que estés buscando poder o sabiduría, Cristo crucificado es completamente diferente. Él es "motivo de tropiezo para los judíos, y es locura para los gentiles" (v 23). Él confronta a todas las culturas.

Sin embargo, en el próximo versículo, Pablo dice algo fascinante: "... pero para los que Dios ha llamado, lo mismo judíos que gentiles, Cristo es el poder de Dios y la sabiduría de Dios" (v 24).

Los judíos están buscando algo, y Pablo está diciendo que Jesús es ese "algo". Los griegos están buscando algo, y Pablo está diciendo que Jesús es ese "algo" también. ¿Está Pablo acomodando el mensaje de Cristo crucificado para que se adapte a sus culturas específicas? ¿Está cediendo ante los deseos culturales de los judíos y de los griegos? ¿Está debilitando el poder del evangelio?

De ninguna manera. Más bien, Pablo está *conectando* a Cristo crucificado con ambas culturas. Él predica la cruz de Cristo y dice que es "motivo de tropiezo" y "locura". El mensaje de la cruz siempre *confronta* a la cultura, pero también *conecta* con la cultura. El poder y la sabiduría de Dios que vemos en Cristo crucificado es justo lo opuesto al poder y la sabiduría que los judíos y los griegos estaban esperando. Y a la vez, este Cristo crucificado puede entenderse tanto en términos de poder como de sabiduría, conectando así con la cultura judía y con la griega. Tanto los cristianos judíos como los cristianos griegos pueden contemplar la cruz y ver algo que se relaciona profundamente con su trasfondo cultural.

¿Cómo es esto posible?

Tengo la esperanza de que al leer estas cosas estés experimentando un momento "eureka": ese momento en la película cuando el protagonista tiene una serie de *flashbacks* donde todas las cosas comienzan a tener sentido.

Pues aquí vienen los *flashbacks*. Piensa en lo que hemos dicho en los capítulos anteriores acerca de lo que es la cultura y cómo funciona.

- Piensa en los seres humanos como creadores de cultura, cuyos productos culturales reflejan la adoración que ocurre en sus corazones: ya sea adoración a Dios o adoración a los ídolos.
- Piensa en la conexión entre la "raíz" de nuestros corazones y el "fruto" de la cultura que creamos.
- Piensa en la naturaleza de la idolatría, que toma algo bueno de la creación y lo convierte en algo divino.
- Piensa en los mensajes que Dios nos transmite a través de la creación: cómo Él le da un sentido particular a nuestra realidad y cómo revela Su historia y propósitos para este mundo.
- Piensa en nuestra respuesta pecaminosa: cómo suprimimos la historia de Dios y la sustituimos por historias falsas que son caricaturas distorsionadas de la original.

¿Vas entendiendo? ¿Puedes ver cómo el evangelio se conecta con todo esto? Una buena manera de resumir esta relación entre el evangelio de Jesús y la cultura es usando el término "cumplimiento subversivo". El evangelio es el cumplimiento subversivo de la cultura. Suena complicado, pero no lo es. Es una descripción de cómo, a diferencia de las historias idolátricas que el mundo cuenta, el evangelio subvierte a la vez que cumple, confronta a la vez que conecta.

Subvierte porque *confronta*, deshace y desarma las historias del mundo. Nos llama a cambiar nuestras formas de ver el mundo porque las antiguas maneras son inútiles y dañinas. Es un llamado al arrepentimiento y a la fe en una mejor historia, la de Cristo crucificado.

Sin embargo, el evangelio también *cumple* porque *conecta*, mostrándose digno de nuestros deseos y esperanzas. El evangelio nos llama a cambiar esperanzas y deseos antiguos por unos nuevos, *porque estos nuevos son los elementos auténticos y originales que nuestras historias falsificadas quieren distorsionar y piratear.*

Así que en la historia cultural idolátrica de los judíos y los griegos, la "sabiduría" y el "poder" son vistos como los villanos. Y, sin embargo, cuando Cristo reclama estas cosas como parte de Su verdadera historia, tienen un propósito glorioso. Son transformados y se convierten en maneras de entender el significado de Cristo crucificado. Eso es lo que nos dice el pasaje de 1 Corintios.

Necesitamos pensar en las historias que nuestra cultura nos cuenta y en los temas que estas promueven. Los judíos buscan poder; los griegos buscan sabiduría. ¿Qué está buscando una persona común del mundo occidental hoy en día? ¿Libertad? ¿Paz? ¿Satisfacción? ¿Estatus? ¿Identidad? ¿Qué es lo que *tú* estás buscando? ¿Cómo lo confronta el evangelio? ¿Cómo se conecta el evangelio con eso que deseas? ¿Cómo es que Cristo crucificado cumple subversivamente estas historias?

Debemos ser honestos con nosotros mismos. Algunos venimos de trasfondos eclesiásticos donde se enfatiza la confrontación de Cristo crucificado. O tal vez nacimos con personalidades que son más directas. No nos preocupamos mucho por la conexión. A algunos nos pasa lo contrario, pues nuestras personalidades o nuestros trasfondos eclesiásticos tienden a enfatizar la conexión más que la confrontación.

Pablo dice que debemos hacer ambas cosas *al mismo tiempo*. Este balance es difícil de lograr. Debido a esto, en los próximos capítulos veremos ejemplos de cómo podemos leer la cultura a través de un lente de cumplimiento subversivo.

Pero antes de hacer eso, ¿no sería maravilloso que además de ver la teoría sobre confrontar y conectar también viéramos un ejemplo de Pablo en acción?

Vuelve al auto: nos vamos a Atenas.

6

CÓMO CONFRONTAR Y CONECTAR

En los últimos cinco años, he tenido el privilegio de llevar a algunos de mis hijos a visitar amigos misioneros en Atenas. Cada vez que vamos, nuestros anfitriones nos preguntan a qué lugares quisiéramos ir, y mi respuesta inmediata *siempre* es: "¡Al Areópago!". Es el lugar donde Pablo dio uno de sus sermones más famosos, registrado en el libro de los Hechos (capítulo 17). Aunque a mis hijos no les interesa volver, no me importa. Se ha convertido en mi propio lugar de peregrinación.

Por supuesto, al visitarlo ahora uno tiene que usar la imaginación. No es más que una gran extensión de piedra negra a la que uno sube y donde hay que tener cuidado para que los niños no caigan por el precipicio que tiene detrás. (Parece que la cultura griega tiene una perspectiva sobre el riesgo y la seguridad). Pero cuando estoy allí, siempre comento a todo el que me escuche que estamos parados en el *mismo* lugar donde el *mismo* apóstol Pablo predicó el *mismo* evangelio hace tanto tiempo. Su realidad histórica lo hace demasiado emocionante. Es como una inyección de adrenalina apologética.

El sermón de Pablo en el Areópago de Atenas (del cual hablaremos en un momento) nos muestra cómo se ve el "cumplimiento subversivo" en la práctica. Es un ejemplo vivo que saca nuestra teoría del salón de clases y la lleva a la vida real, con todos sus giros y sorpresas. La vida real es impredecible, y necesitamos sabiduría para saber dónde y cómo actuar y reaccionar a lo que tengamos delante. Hechos 17 es un ejemplo ideal de cómo el abordaje cultural debe ser dinámico. Nos muestra cómo el abordaje cultural afecta nuestras mentes, nuestras manos y nuestros corazones.

Y por eso estoy agradecido. Este evento no solo ocurrió en el espacio y en el tiempo, sino que el Dios de la Biblia hizo que el historiador, el Dr. Lucas, lo registrada *en el primer siglo* para que me ayudara *hoy*. ¿No te parece increíble la Escritura? Cuando parezca que todo lo que me rodea está dando vueltas y me sienta desorientado en la vida, sé que mi Padre celestial me ha dado una guía infalible para poder reorientarme con confianza en el siglo veintiuno.

LA ACTITUD DE PABLO Y LA NUESTRA

En su segundo viaje misionero, un Pablo solitario se detuvo en Atenas, habiendo enviado a sus amigos a buscar a Silas y a Timoteo, quienes seguían en Berea. Uno podría asumir que, como todo turista con tiempo libre, empezó a caminar por esta ciudad, la cual era famosa por su historia, por su conocimiento y por sus creaciones culturales. Sin embargo, el versículo 16 resalta el hecho de que a Pablo "le dolió en el alma ver que la ciudad estaba llena de ídolos". En el Antiguo Testamento vemos varias ocasiones en las que Dios es provocado por los ídolos (p. ej.: Dt 32:16-19) porque quieren robarle la gloria que solo le pertenece a Él. Ahora, por amor a Dios, también Pablo es provocado al contemplar la escena que tiene delante. Esta reacción define el tono de todo este encuentro ateniense. Por más respetuoso y elocuente que haya sido Pablo en su sermón, no podemos olvidar su actitud al ver la escena que tiene delante. Es una confrontación.

Esto nos presenta dos desafíos. Primero, en nuestro contexto "políticamente correcto", "tolerante" y "multicultural", ¿tendremos ojos bíblicos —y valentía bíblica— para percibir la idolatría en nuestros encuentros culturales? ¿Nos provocará? No estoy hablando de que se nos ponga la cara roja y empecemos a gritar, sino de tener un compromiso serio y profundo que nos lleve a entender la naturaleza real y siniestra de todo lo que se levanta para hacerle frente a Dios, sin importar qué tan agradable se vea en la superficie. Al ver el estado de nuestras comunidades y naciones, ¿podemos decir que tenemos esa misma pasión por la gloria de Dios? ¿Nos duele cuando la idolatría la pisotea? ¿O será que hemos perdido la sensibilidad? ¿Deberíamos angustiarnos más? ¿Se renovaría nuestro sentido de urgencia ante la misión si tuviéramos la actitud de Pablo?

Segundo, la angustia de Pablo lo impulsa a proclamar la verdad y a esforzarse en su comunicación. El próximo versículo nos dice: "Así que discutía en la sinagoga con los judíos y con los griegos que adoraban a Dios, y a diario hablaba en la plaza con los que se encontraban por allí". Pablo no se conforma con "lavarse las manos" frente a los atenienses, dejándolos en su idolatría. Más bien, él empieza inmediatamente con su evangelismo estratégico. Sabemos suficiente sobre la vida y el evangelio de Pablo como para saber que su motivación no era la malicia o el orgullo, sino una gran compasión y un profundo amor por los perdidos que no conocían al Señor Jesucristo. Pablo mismo era un testimonio vivo de alguien que había estado perdido y lejos de Dios, pero que por gracia había sido "encontrado" por Cristo resucitado.

Pablo conocía una mejor historia que la que ofrecían los ídolos, *la mejor* historia de las buenas nuevas del evangelio. Sé que es un cliché, pero la proclamación del evangelio no es más que un mendigo diciéndole a otro mendigo dónde encontrar pan. O, para ser más bíblico, se trata de encontrar a personas sedientas que están de rodillas tratando de lamer residuos estancados en cisternas rotas, para "ponerlas a pensar" y mostrarles la verdadera fuente de agua viva (Jer 2:13; Is 44:19).

Debemos tener pasión por la gloria de Dios y pasión por las almas perdidas. La idolatría y los idólatras deben angustiarnos. Y esto debe llevarnos a confrontar la cultura y a conectar con ella.

EL MÉTODO DE PABLO Y EL NUESTRO

El razonamiento de Pablo en la sinagoga y en el mercado capta la atención de algunos de los mejores filósofos de Atenas, quienes lo invitan a hablar en el Areópago —que era como la Corte Suprema de Justicia— para que se explique. ¿Y qué dice Pablo?

Pues, no lo que uno esperaría. No presenta el evangelio paso a paso como lo hacen algunos tratados evangelísticos. No cubre todas las bases. Pero esto no es un problema ni una deficiencia. ¿Por qué? Porque él ya "les anunciaba las buenas nuevas de Jesús y de la resurrección" antes de ser llevado al Areópago (Hch 17:18). Sin duda, Pablo está predicando a Cristo crucificado.

Pero la reacción a este mensaje es una de confusión. Los filósofos que lo escuchan en el mercado le llaman "charlatán" (v 18).

Así que cuando Pablo se pone de pie y empieza a hablar frente al concilio, su propósito es presentar una defensa de estas buenas nuevas, poniéndolas en el contexto de la vida, del universo y de todo lo demás:

> Pablo se puso en medio del Areópago y tomó la palabra: "¡Ciudadanos atenienses! Observo que ustedes son sumamente religiosos en todo lo que hacen. Al pasar y fijarme en sus lugares sagrados, encontré incluso un altar con esta inscripción: A UN DIOS DESCONOCIDO. Pues bien, eso que ustedes adoran como algo desconocido es lo que yo les anuncio" (Hch 17:22-23).

¡Esto sí que es cumplimiento subversivo! Pablo se ha tomado su tiempo para ver la cultura que lo rodea, buscando maneras de entrar en ella. Él está escuchando. Está observando. Está conectando. Él ve que los atenienses son muy religiosos. Tanto que no se quieren arriesgar a dejar fuera ningún dios (por eso tienen un altar para un "dios desconocido", por si acaso). Así que Pablo apela a este aparente interés. Él conecta con el deseo de la cultura de conocer lo divino y adorar apropiadamente.

Sin embargo, este contacto no es un apretón de manos que afirma su religiosidad. Él no está aprobando su idolatría. Más bien, ¡los llama ignorantes! Los está confrontando.

Conectar, confrontar: cumplimiento subversivo.

Empecemos a pensar. Cuando se trata de nuestra cultura secular, ¿cuáles son los "dioses desconocidos"? ¿Dónde se encuentran? ¿Cómo sabemos que aquellos que no muestran interés en el cristianismo en realidad son muy religiosos? ¿Cómo podemos entrar?

Ahora llegamos al sermón de Pablo:

> El Dios que hizo el mundo y todo lo que hay en él es Señor del cielo y de la tierra. No vive en templos construidos por hombres, ni se deja servir por manos humanas, como si necesitara de algo. Por el contrario, Él es quien da a todos la vida, el aliento y todas las cosas. De un solo hombre hizo todas las naciones para que habitaran toda la tierra; y determinó los períodos de su historia y las fronteras de sus territorios. Esto lo hizo Dios para que todos lo busquen y, aunque sea a tientas, lo encuentren. En verdad, Él no está lejos de ninguno de nosotros, "puesto que en Él vivimos, nos movemos y existimos". Como algunos de sus propios poetas griegos han dicho: "De Él somos descendientes".
>
> Por tanto, siendo descendientes de Dios, no debemos pensar que la divinidad sea como el oro, la plata o la piedra: escultura hecha como resultado del ingenio y de la destreza del ser humano. Pues bien, Dios pasó por alto aquellos tiempos de tal ignorancia, pero ahora manda a todos, en todas partes, que se arrepientan. Él ha fijado un día en que juzgará al mundo con justicia, por medio del hombre que ha designado. De ello ha dado pruebas a todos al levantarlo de entre los muertos (17:24-31).

Pablo primero da una introducción y luego da un resumen. Para que los atenienses entiendan las buenas nuevas de Jesús, Pablo necesita hacerles un resumen detallado que conecte con lo que los atenienses *sí* saben para que ellos vean cómo todo encaja. Él empieza con cosas básicas que los atenienses simplemente no conocen. Y luego pasa a explicar la forma cristiana de ver el mundo. Pablo está diciendo: *Bien, vayamos a lo básico. Puede que ustedes tengan todo tipo de posturas en cuanto a la naturaleza, la realidad, la Creación, el tiempo, el fin de los tiempos, pero ahora voy a mostrarles cómo yo lo veo.* Y el punto aquí es este: si él no explica estos conceptos básicos, Jesús y Su resurrección no tendrían sentido.

Pero tenemos otros desafíos a la hora de evangelizar. En una cultura cada vez más poscristiana y con cada vez menos conocimiento bíblico, tendremos que retroceder aún más con aquellos que ni siquiera han escuchado acerca del evangelio. Es necesario que pasemos más tiempo tratando estos temas básicos, explicándoles cómo Jesús y Su resurrección tienen sentido. Tenemos que lidiar con los muros y los "porteros" culturales que se interponen para que las personas no escuchen las buenas nuevas.

Por favor, no me malinterpretes: nuestra meta siempre es presentar a Jesús. Esta introducción y este resumen no son *sustitutos* de la proclamación del evangelio, sino un *soporte* para esa proclamación. Y es probable que requiera más tiempo, preparación, oración y paciencia que nuestras estrategias anteriores.

Este es un ejemplo de cómo podemos hacerlo: cuando las personas me dicen que no creen en Dios, suelo decirles: "Estoy seguro de que yo tampoco creo en el dios en quien dices no creer". Es esencial que distingamos entre el Dios vivo de la Biblia y el "dios" que muchos tienen en la mente. Así que a medida que hablemos y escuchemos, debemos asegurarnos de que estemos aclarando los malentendidos que pudiera tener la gente. "Mira, sé lo que piensas sobre Dios, pero déjame explicarte a quién me refiero cuando digo 'Dios'...".

Y ¿a quién nos referimos? Solo hay que ver la descripción de Pablo en los versículos 24-31, donde él presenta los fundamentos de la cosmovisión cristiana. Este gran resumen teológico contiene un montón de referencias al Antiguo Testamento. Pablo describe a un Dios Creador que hizo todas las cosas, que sostiene todas las cosas y que es soberano sobre todas las cosas. Pero al mismo tiempo es un Dios cercano que interactúa personalmente con Su creación. Por lo tanto, no se trata de un Dios lejano que no podamos conocer, pero tampoco es tan cercano como para ser indistinguible de Su creación.

Además, Pablo presenta una perspectiva lineal de la historia humana, donde podemos hablar de orígenes y finales. Él apunta a un entendimiento de la providencia que tiene un propósito: a algo que salió horriblemente mal y que nos dejó en la oscuridad, sin poder ver la verdad; y a un tiempo en el que Dios ha sido paciente, pero también a un final de la historia donde habrá un juicio.

Solo con este breve resumen, ¿te das cuenta de todas las cosmovisiones que hemos descartado? Este es el desafío: ¿conoces estos fundamentos lo suficiente como para poder comunicarlos con sencillez? Esto no es algo que podamos dejarle a otros cristianos que sean más inteligentes o diestros que nosotros. Es para todo cristiano. Si queremos proclamar a Jesús y Su resurrección, necesitamos ser teológicos.

EL LLAMADO DE PABLO Y EL NUESTRO

El discurso de Pablo llega a un *crescendo* con este ruego apasionado:

> Pues bien, Dios pasó por alto aquellos tiempos de tal ignorancia, pero ahora manda a todos, en todas partes, que se arrepientan. Él ha fijado un día en que juzgará al mundo con justicia, por medio del hombre que ha designado. De ello ha dado pruebas a todos al levantarlo de entre los muertos (17:30-31).

Aquí hay dos cosas que debemos notar. Primero, cuando pensamos en la resurrección, usualmente pensamos en una nueva vida, en nuevos inicios, en esperanza y en gozo. Y todo esto es maravillosamente cierto. Pero Pablo no usa la resurrección de esa manera en el versículo 31. Aquí, la resurrección de Jesucristo es prueba de que viene un juicio justo. La resurrección es la mayor proclamación pública de que Jesucristo ha sido vindicado y de que se le ha dado toda autoridad. Él es tanto Juez como Salvador. Esta verdad debe ser una parte integral de nuestra presentación del evangelio, sin importar cuántos se burlen de nosotros (v 32).

Segundo, Pablo no vacila al llamarles al arrepentimiento (v 30). Los ídolos no son un primer paso para llegar a Jesús. El cristianismo no es un accesorio más para nuestros estilos de vida. El arrepentimiento es un giro de 180 grados que da la espalda a los ídolos y sigue a Jesús.

Así que aquí están nuestros últimos desafíos: en nuestra cultura sentimental y "progresista", no podemos olvidarnos de hablar sobre el juicio, junto con el mandato (sí, el mandato) al arrepentimiento y la fe. No hay duda de que un llamado así es contracultural, pero no es tan poco convincente como uno pudiera pensar. Nuestra cultura tiende a sospechar de las autoridades (y a veces con razón), y eso hace que muchas personas se imaginen a Dios como un dictador divino. Pero como seres creados para adorar, todos estamos bajo autoridad todo el tiempo. Como dijo uno de nuestros poetas (Bob Dylan): "Vas a tener que servir a alguien".

Jesucristo es el Rey Siervo, y tiene tanto el derecho como el poder para gobernar Su creación. Para los que se postran ante Él, Su yugo es fácil y Su carga es ligera. La obediencia y el amor constituyen un matrimonio feliz. Además, la idea de que todo ser humano rendirá cuentas por sus acciones y de que habrá un juicio justo es mucho más atractiva que "imaginar" un mundo donde no hay cielo ni infierno (como dice la famosa canción de Lennon). En el fondo, algo dentro de nosotros nos dice que la historia tiene un propósito y un destino.

Pero no debemos perder el sentido de urgencia. Hay una advertencia aquí. *Ahora* es el momento de actuar, antes de que sea demasiado tarde. La increíble tolerancia y la paciencia de Dios debajo de cuales vivimos ahora terminará algún día. Esa lona cargada de agua se irá a reventar. Tal como escribe Pablo en otro lugar: el no apartarse de los ídolos para servir al Dios vivo y verdadero implica que no habrá rescate de la ira venidera (1Ts 1:9-10). El pecado es malvado, es una locura y es profundamente triste, pues es rebelión contra nuestro Creador. Así que por más doloroso e incómodo que sea, no comunicar esta verdad muestra una gran falta de amor.

Cuando logramos hacer un llamado al arrepentimiento, entonces, al igual que Pablo, podemos esperar una respuesta mixta:

> Cuando oyeron de la resurrección, unos se burlaron; pero otros le dijeron: "Queremos que usted nos hable en otra ocasión sobre este tema". En ese momento Pablo salió de la reunión. Algunas personas se unieron a Pablo y creyeron. Entre ellos estaba Dionisio, miembro del Areópago, también una mujer llamada Dámaris, y otros más (17:32-34).

Cuando conectamos con la cultura y la confrontamos, aunque lo hagamos con amor, algunos se burlarán; pensarán que somos estúpidos o intolerantes, o ambas cosas. Y eso está bien, es lo normal. A otros les llamará la atención y querrán escuchar más en otro momento. Es por eso que el evangelismo se hace mejor en el contexto de relaciones personales, las cuales debemos cultivar. Siempre debemos estar listos para hablar a nuestros amigos sobre Jesús, pero eso no quiere decir que tenemos que hacer una exposición bíblica de una hora después de cada capítulo de nuestra serie favorita. A veces es mejor hablar de a poco pero con frecuencia.

Ten cuidado de no tener expectativas demasiado bajas. Si, en oración y con fidelidad, compartimos el evangelio con muchas personas —conectando y confrontando su cosmovisión con las buenas nuevas de Jesús— podemos esperar que algunos respondan con fe. Y a veces, como con Dionisio en el versículo 34, son las personas que menos esperamos.

7

¡AHORA TÚ!: CONEXIÓN CULTURAL PARA DISCÍPULOS

Sé lo que estás pensando. Ya viste cómo Pablo confrontó a los atenienses y conectó con ellos. Por un lado, te anima que tengamos un ejemplo práctico de conexión cultural en la Biblia. Pero, por otro lado, también estás desanimado, pues no eres el apóstol Pablo. No tienes su trasfondo, su entrenamiento ni su llamado. No tienes su pasión por la gloria de Dios. Tu piedad no se compara con la suya. ¿Cómo podrías conectar con la cultura de la manera en que él lo hacía?

Además, su contexto y el tuyo son totalmente diferentes. No eres un misionero itinerante que se dedica a viajar a ciudades importantes —centros culturales de poder e influencia— para explicar el evangelio a personas prominentes. Lo tuyo es ir al trabajo, decidir qué cenar en la noche y colapsar frente al televisor luego de acostar a los niños. No tienes tiempo ni fuerzas para estar al frente de una revolución cultural. ¿Qué diferencia podrías hacer?

Ahora que has llegado hasta este capítulo, te diré un secreto. Para ser alguien cuyo trabajo es enseñar a los cristianos acerca de teología, cultura y apologética, cuando se trata de mi propia dieta cultural, la realidad es que no doy la talla. A diferencia de otros académicos que conozco, no tengo un blog, ni un vlog ni un podcast. No tuiteo. Sí tengo Netflix y veo un par de series, pero cuando me atraso no me pongo a ver varios episodios de corrido. De hecho, me siento hostigado cuando me dicen todas las cosas que debería estar viendo (y los blogs que debería estar leyendo sobre los programas que debería estar viendo). Me encanta la música, pero mis gustos no son particularmente "de moda" para alguien que está en sus cuarenta (¿a alguien más le gusta el pianista ruso Sviatoslav Richter?).

Nuestra tradición familiar de ir a ver los partidos del West Ham United suele ser una experiencia de angustia existencial, y no solo por el desempeño pobre de nuestro equipo. En cada juego, siempre llega un momento en el que estoy viendo en cámara lenta a la multitud de 57 mil personas que están a mi alrededor, y con dolor en mi corazón reconozco lo incapaz que me siento al tratar de conectar con el británico promedio del siglo veintiuno y de confrontarlo con el evangelio.

El análisis cultural no es fácil para mí. No me parezco en nada al apóstol Pablo. Así que si has leído hasta aquí y sientes que aún no estás listo, no eres el único. Pero no te des por vencido, porque esto es importante. Si amamos a Jesús, nuestro anhelo debería ser seguirle y contarle a otros acerca de Él. Si eres humano, eres una criatura cultural que debe ser fiel a este llamado donde sea que Dios te haya puesto, con los dones que Él te haya dado.

Además, soy padre de niños que van desde los cuatro hasta los veinte años de edad, y soy anciano en una iglesia intergeneracional y multicultural. Es crucial que trate de entender los gustos de aquellos que están bajo mi cuidado parental y pastoral para poder servirles adecuadamente. Mi pasión como teólogo siempre ha sido pensar teológicamente acerca de la cultura en general, y acerca de nuestra cultura en particular, siempre con la visión de entrenar a personas comunes para que piensen teológicamente acerca de la cultura.

Tú y yo no somos el apóstol Pablo, pero en las Escrituras nuestro buen Padre celestial nos ha dado modelos como Pablo que nos dan un patrón para ayudarnos a conectar con fidelidad y eficacia. De eso se trata el resto del capítulo. Es un capítulo instructivo, no para la élite profesional sino para principiantes. No estamos aprendiendo a correr un maratón. Más bien, somos como aquellos que están entrenando para correr cinco kilómetros: vamos paso a paso, fortaleciéndonos cada vez más.

Así que este método para la conexión cultural no es "para dummies", sino para discípulos.

EL MÉTODO DEL "CUMPLIMIENTO SUBVERSIVO"

Si volvemos al método de Pablo del cumplimiento subversivo en Hechos 17, podemos discernir cuatro pasos para conectar con la cultura.

1. *Entrar*: Entrar al mundo y escuchar la historia: "Al pasar y fijarme en sus lugares sagrados..." (v 23).
2. *Explorar:* Buscar elementos de gracia y los ídolos relacionados con ellos: "¡Ciudadanos atenienses! Observo que ustedes son sumamente religiosos en todo lo que hacen. Al pasar y

fijarme en sus lugares sagrados, encontré incluso un altar con esta inscripción: A UN DIOS DESCONOCIDO" (v 22-23).

3. *Exponer:* Mostrar que los ídolos son fraudes destructivos: "Por tanto, siendo descendientes de Dios, no debemos pensar que la divinidad sea como el oro, la plata o la piedra: escultura hecha como resultado del ingenio y de la destreza del ser humano" (v 29).
4. *Evangelizar:* Mostrar que el evangelio de Jesucristo es "cumplimiento subversivo": "Pues bien, eso que ustedes adoran como algo desconocido es lo que yo les anuncio" (v 23).

Podemos llevar a cabo el "cumplimiento subversivo" de diversas maneras. En primer lugar, a través de la comunicación: conversaciones informales y frecuentes con algún familiar inconverso, un comentario a un extraño en el tren, una sesión de discipulado uno a uno en una cafetería, una conversación con un grupo de amigos luego de ver una película o un partido, un sermón dado por un pastor a su congregación o un artículo en el blog de la iglesia.

Pero también podemos hacer cumplimiento subversivo a través de la comunidad: conectamos con una cultura en particular no solo con nuestras palabras sino también con nuestras prácticas, nuestras rutinas diarias y nuestros rituales semanales. En las maneras en que nos reunimos como familias o como congregación cada semana, pero también por medio de nuestros llamados y vocaciones. Se trata de modelar el amor, la inclusión, la tolerancia y la libertad del evangelio a través de nuestra hospitalidad, ya sea en nuestros hogares o en nuestras iglesias.

Antes de seguir avanzando, debo aclarar lo siguiente. Estoy describiendo estos pasos como un "patrón" o un "método" para la conexión cultural. Estoy siendo muy intencional con el uso de estas palabras. Lo que estoy describiendo no es una fórmula o técnica mágica. No se trata de un proceso o mecanismo infalible. ¿Por qué? Porque todo se complica cuando interactuamos con personas de carne y hueso que no siempre son predecibles.

Por lo tanto, debemos ser flexibles. Estos cuatro pasos nos dan cierta estructura, pero hay libertad para cambiar un poco las cosas. Debemos ser tanto proactivos como reactivos, tanto intencionales como espontáneos. Esta flexibilidad también implica que aunque haya cierto orden al dar estos pasos, no siempre se puede hacer de esta forma. Por ejemplo, nota en Hechos 17 que antes de Pablo hablar en el Areópago, él ya "anunciaba las buenas nuevas de Jesús y de la resurrección" (v 18). ¡Lo que puse como el último paso fue lo primero que pasó en Atenas! Sin embargo, cuando Pablo está hablando en el Areópago, la "revelación" de Jesús, de la resurrección y de la necesidad de arrepentimiento (la parte del evangelismo) es el clímax de una argumentación cuidadosa que inicia con la entrada, la exploración y la exposición.

Veamos estas etapas con un poco más de detalle.

1. ENTRAR: ENTRAR EN EL MUNDO Y ESCUCHAR LA HISTORIA

Lo primero que debemos hacer es entrar en la cultura con la que queremos conectar. Sobre todo, debemos hacer algo que muchos de nosotros no sabemos hacer muy bien: escuchar. "Entrar" implica observar y escuchar con paciencia y cuidado para así evitar el llegar a conclusiones inapropiadas o el burlarse. Se trata de ser empático, de hacer muchas preguntas y de recopilar toda la información que podamos. Si luego queremos confrontar y conectar, primero necesitamos saber exactamente qué es lo que vamos a confrontar y a conectar. Debemos ponernos en modo "recibir" y describir lo que vemos sin prescribir lo que nos parece que debería o no debería estar ahí. En esta etapa debemos esforzarnos por mostrar gracia.

Puede que sea útil hacer algunas preguntas básicas acerca del "texto" o artefacto cultural. Vale la pena aclarar que cuando hablo de "textos" en este capítulo, no siempre me refiero a algo escrito. Una película, un comercial, un videojuego, una moda de diseño o un baile... todos esos son "textos". Dependiendo del texto que estés tratando de abordar, no todas las preguntas serán relevantes. Simplemente aprovéchate de las que te sirvan.

a. *¿Qué dice?* ¿Cuál es la historia y el tono? Usa tus cinco sentidos: ¿cómo se ve, cómo suena, cómo sabe, cómo se siente y/o cómo huele?
b. *¿Quién lo escribió?* ¿Cuál es el contexto del artefacto que estás viendo? Investiga un poco y considera la historia. ¿Qué conocemos acerca del creador o de los creadores de este texto?
c. *¿Quién lo lee?* ¿Cuál es la audiencia y cómo les afecta? Usa tu imaginación. ¿Cómo luciría el mundo si este texto cultural lograra lo que se propone? ¿Cómo serían las cosas? ¿Cuál es el impacto y la influencia de este texto? ¿Las personas se lo creen o no?

Ahora bien, responder todo esto puede ser un poco complicado porque hay un círculo de retroalimentación entre el texto, sus creadores y su audiencia. Por ejemplo, los productores de Hollywood cambian a una escena final después de haber visto las reacciones de una audiencia a una muestra preliminar de una película, o deciden si hacer o no una secuela dependiendo de la venta de entradas. Esto nos muestra que la cultura siempre está evolucionando.

En este punto, y habiendo hecho este análisis, podrías detectar el evangelio falso que este texto está relatando. Cómo responde a preguntas cómo: ¿Quiénes somos los seres humanos? ¿Cuál es nuestro lugar en el universo? ¿Qué salió mal? ¿Cuál es la solución? ¿Qué pasa cuando morimos?

2. EXPLORAR: BUSCAR ELEMENTOS DE GRACIA Y LOS ÍDOLOS RELACIONADOS CON ELLOS

Nuestro segundo paso es ver el mundo con nuestros lentes de rayos X teológicos. Después de haber escuchado con cuidado y con gracia, podemos ser un poco más precavidos en esta etapa al tomar en cuenta lo que vimos en el capítulo 5:

- Piensa en los seres humanos como creadores de cultura cuyos productos culturales reflejan la adoración de su corazón, ya sea adoración a Dios o adoración a los ídolos.
- Piensa en la conexión entre la "raíz" de nuestro corazón y el "fruto" de la cultura que creamos.
- Piensa en la naturaleza de los ídolos y de la idolatría, que toma algo bueno de la creación y lo convierte en un dios falso.
- Piensa en la conexión entre la falsificación idolátrica y lo genuino. Recuerda que nuestros ídolos siempre son parásitos de la verdad, por lo que tienen algunos elementos de la verdad.
- Piensa en el mensaje que Dios quiere transmitirnos a través de la creación: cómo Él da un significado particular a nuestra realidad y revela Su historia de hacia dónde va el mundo.
- Piensa en nuestra respuesta pecaminosa: cómo suprimimos la historia de Dios y la sustituimos por caricaturas del original.

Esto nos permite hacernos preguntas como estas:

a. ¿Cómo está el texto interpretando y reinterpretando los mensajes de Dios en las sombras y los rayos de luz?
b. ¿Qué es verdadero, bueno, útil y hermoso acerca de esto? ¿Y cómo está siendo suprimido y distorsionado de una manera nociva y destructiva?
c. ¿Está este texto amplificando positivamente los mensajes de Dios y llevándonos de vuelta a Él? ¿O está suprimiendo, silenciando y tachando los mensajes de Dios, llevándonos a un ídolo creado por los seres humanos?

3. EXPONER: MOSTRAR QUE LOS ÍDOLOS SON FRAUDES DESTRUCTIVOS

Este tercer paso es el más difícil: hacer que las personas "se pongan a pensar" en las historias culturales que cuentan nuestros textos (Is 44:19). Estas son historias que les encantan a nuestros amigos, pero que los están matando lentamente mientras beben de estas cisternas rotas. ¿Cómo logramos que nos escuchen?

Aquí es donde tenemos que esforzarnos por despertar a las personas de la pesadilla en la que viven. Una vez más, podemos hacer esto a través de preguntas penetrantes que tratan de mostrar cómo estos artefactos culturales no cumplen con lo que prometen: no son verdaderos, ni buenos, ni hermosos. Preguntas como:

- ¿Qué tal te va con eso?
- Me interesa mucho saber… ¿por qué te parece tan atractivo?
- Si tienes un momento, ¿me permites mostrarte por qué tal vez no sea la mejor manera de interpretarlo?[1]

Como dice mi amigo Ted Turnau, tenemos que mostrar a las personas las "explicaciones pobres" de sus ídolos. Puede que prometan grandes cosas, pero son promesas vacías. Al final no tienen respuestas ni justificaciones. Y nuestras culturas han convertido muchas cosas buenas en ídolos cuando les dan la máxima prioridad.

EVANGELIZAR: MOSTRAR QUE EL EVANGELIO DE JESUCRISTO ES "CUMPLIMIENTO SUBVERSIVO"

Nuestro paso final debe ser el más satisfactorio, ¡pero mi experiencia me dice que puede ser tan doloroso como el paso anterior!

Al ver el nombre de esta sección, ya sabemos que implicará decir algo acerca de Jesús. Pero dado nuestro análisis cultural y su contexto, ¿cómo vamos a comunicar la verdad acerca de Jesús?

No estoy sugiriendo un mensaje de copiar y pegar con un lenguage sobreespiritualizado que amenaza con las llamas del infierno, y todo cómodamente empaquetado en un *instaclip* que tenemos memorizado. Más bien, queremos presentar una gran historia, una nueva manera de ver el mundo basada en la vida, la muerte, la resurrección y la ascensión de Jesucristo. El evangelio tiene algo que decir sobre todas las cosas porque el evangelio impacta todas las cosas, tanto el "todavía no" de la eternidad (las realidades del cielo y el infierno) como el "ahora" de nuestras vidas, familias, comunidades e iglesias. Al igual que Pablo, siempre predicamos a Cristo crucificado dentro de una historia específica, respondiendo a preguntas, esperanzas, temores, sueños y deseos específicos; siempre confrontando y siempre conectando.

Este es un ejemplo citado antes, escrito por un antiguo alumno:

> Recientemente me pidieron que hablara sobre la fe a un grupo de deportistas profesionales. Inicié explorando el asunto de la identidad y tratando de resaltar cómo su

percepción de sí mismos ha sido determinada desde una edad muy temprana por la opinión de otros... Maestros, entrenadores juveniles, entrenadores profesionales, entrenadores internacionales, los medios, los fanáticos...

Para estas personas, su valor está determinado por su desempeño, y traté de ayudarles a ver que atar su gozo o satisfacción —en última instancia, su identidad— a estas cosas es algo volátil que los deja muy vulnerables... Uno de los deportistas dijo que estaba de acuerdo y que por eso él no ponía "todos sus huevos en la canasta de los deportes". Su "fe" estaba en su familia. Entonces exploré cómo eso también podría dejarlo vulnerable.

De ahí les mostré cómo Cristo es el único lugar donde nuestra identidad está segura. Le dije que mientras nuestra familia, nuestros entrenadores o los medios demanden de nosotros, tendremos que luchar por dar la talla. Así que cuando las cosas no estén bien, mentiremos y fingiremos. Cristo conoce lo peor de nosotros y aun así nos acepta. Las opiniones de los demás son fugaces, cambiando según nuestro desempeño. Cristo nos acepta incondicionalmente, liberándonos para poder ser honestos y humildes con los demás... Por supuesto, tuve que mostrarles cómo vivir enfocados en sí mismos es ofensivo para Dios... Solo podemos encontrar seguridad en Cristo cuando nos arrepentimos de esas cosas.

Uno de ellos me preguntó qué hay que hacer para ser cristiano, y otro ahora quiere leer un Evangelio conmigo. Estoy

100% seguro de que esto no hubiera pasado si mi presentación solo hubiera sido: "Dios es quien manda, ustedes han pecado, les va a ir muy mal, así que arrepiéntanse".[2]

TE TOCA...

Ahora es tu turno. Tal vez quieras hacer este ejercicio tú mismo, quizá con un grupo de amigos. ¡Podría ser una noche entretenida! Espero que este ejercicio guiado a través de un "texto" cultural particular pueda darte mayor confianza y llevarte a hacer tu propio análisis sobre diversos temas.

Encontrar buenos ejemplos culturales con los que todo el mundo pueda identificarse es prácticamente imposible. Así que si no te gusta el que escogí, sustitúyelo por otro.

Estoy escribiendo esto justo después de que Inglaterra fue descalificada de la Copa del Mundo del 2018. Para los que han estado en Inglaterra durante estas últimas semanas, esto ha sido una experiencia increíble y un "momento cultural" que ha capturado la imaginación de la nación. La fiebre del fútbol arropó a Inglaterra cuando un equipo joven y sin experiencia, liderado por Gareth Southgate, sobrepasó las expectativas con una serie de victorias que los llevó hasta las semifinales por primera vez desde 1990.

En el centro del interés creciente de la nación por el éxito del equipo de fútbol estaba el eslogan "Viene a casa"*, publicado literalmente cientos de miles de veces en todas las formas posibles. Así que vamos a usar "Viene a casa" para describir y analizar un momento cultural que muchos vivimos.

* Refiriéndose a la Copa del Mundo, recordando que el futbol se inventó en Inglaterra.

Vas a trabajar las cuatro etapas que vimos al principio de este capítulo: Entrar, Explorar, Exponer, Evangelizar.

Que no haya duda: no voy a hacer el trabajo por ti. Más bien te dejaré preguntas y te daré pistas que pueden ayudarte en tu análisis. Probablemente te darás cuenta de que vas a necesitar tu cerebro, un bolígrafo y un buscador (como Google).

A medida que haces este análisis general, trata de pensar en detalles específicos. Por ejemplo, piensa en un amigo o familiar que haya sido completamente cautivado por la Copa del Mundo. ¿Qué le dirías? ¿Cómo podrías confrontar y conectar con esta historia, y con ellos? Si viste los juegos de Inglaterra, o si leíste acerca de ellos más tarde, piensa en cómo respondiste en ese momento. Si pudieras regresar en el tiempo después de haber leído este libro, ¿cómo habría cambiado tu forma de evangelizar durante esos días?

Cuando hayas hecho este análisis, ¿qué tal si concluyes orando sobre algunas de las cosas que has pensado?

Mi oración es que al probar esto quieras hacer más. Una vez hayas trabajado este ejemplo, elige algo que te interese más. Elige algo que interese a tus amigos y familiares. Trata de trabajar las etapas. Tal vez sea el inicio de un taller cultural que se haga con regularidad. ¿Qué tal si invitas a tus amigos inconversos para conversar con ellos?

Al principio no será fácil. ¡El análisis cultural es contracultural para nosotros! Pero espero y oro que a medida que lo sigas haciendo se convierta en un hábito que te ayude a conectar de una manera más fiel y fructífera.

Imagina una generación de discípulos de todo el país y de todo el mundo que estén conectando con la cultura por amor a Cristo y para Su gloria. ¡Y empieza!

"VIENE A CASA"

> Cuando uno encuentra profundidad en la cultura popular, es importante tomar nota puesto que allí confluyen los deseos profundos de muchos. Cuando uno logra ver la idolatría de la cultura popular, uno puede ver destellos de la aflicción y el daño generalizados de una sociedad, la evidencia de los tentadores y terribles efectos de la Caída en toda la cultura. Cuando uno ve la gracia, uno puede vislumbrar —aun si es solo por un momento— cómo se ve una cultura que ha sido sanada y limpiada, cómo Dios habla Su verdad a las personas, y el diseño original de la cultura popular. Es por eso que creemos que es importante escuchar a la cultura popular, pues allí vemos claramente el deseo popular. Y este necesita una respuesta cristiana.[3]

El eslogan "Viene a casa" salió de la canción "Three Lions (Football's Coming Home)" ["Tres leones (El fútbol viene a casa)"] de The Lightning Seeds y los comediantes Frank Skinner y David Baddiel. Fue lanzada originalmente en 1996 cuando Inglaterra fue anfitriona del campeonato europeo, y llegó a estar en primer lugar en las listas de sencillos del Reino Unido durante las clasificaciones de Inglaterra para la Copa del Mundo. Empieza buscando las letras o buscando el video musical en Youtube. El estribillo memorable dice:

> Viene a casa, viene a casa, ya viene,
> el fútbol viene a casa.

1. ENTRAR: ENTRAR EN EL MUNDO Y ESCUCHAR LA HISTORIA

¿Qué dice?

a. Piensa en algunos de los temas principales de este texto y de la experiencia de la Copa del Mundo. ¿Cuál es la historia que se está contando? ¿Cómo se está contando?

Pistas

Mientras Inglaterra luchaba por su posición, Gary Parkinson escribió un análisis detallado de la canción donde cubrió muchos ángulos históricos, culturales y musicales. Aquí algunos extractos del principio y el final de su análisis:

> Como muchas otras canciones pop, "Three Lions" trata sobre el amor y la pérdida, pero también trata acerca de la identidad cultural y nacional, de los anhelos y el sentido de pertenencia, de las personas y los lugares, de las cosas pasadas y las oportunidades del futuro. Refleja algo que es muy inglés: la expectativa tranquila de que seremos decepcionados. Tal como dijo Pink Floyd en "Dark Side of the Moon" ["El lado oscuro de la luna"]: "Esperar en desesperación silente es el estilo inglés". No es negatividad, sino un ligero desconcierto por el hecho de que las cosas hayan ido tan mal, sabiendo que antes estábamos en la cima del mundo. De hecho, podrías reemplazar mucho del contenido futbolístico con sentimientos paralelos relacionados con el declive de Inglaterra como potencia mundial desde antes de la revolución industrial hasta su desazón posguerra. Pero, claro, esta canción trata del fútbol...

[La canción es] un referente cultural. Es inclusiva, no agresiva. No tiene que ver con guerra y luchas, sino con sueños. Los borrachos suelen cantarla en público tratando de lograr que más personas canten con ellos, no para probar su individualidad o su masculinidad. Trata de cantarla estando enojado; simplemente no funciona. Todo el que trate de hacerlo demuestra que no ha entendido el punto.

Tal como dice Broudie: "Es una canción muy emotiva que ignora todas las cosas horribles y va directo a los recuerdos de cuando eras niño y apoyabas a tu equipo de fútbol. En los momentos más emotivos, las personas cantan juntas, ya sea en un funeral o en un juego de fútbol. 'Three Lions' tiene algo de eso: todos estamos juntos en esto, todos estamos dispuestos a soñar".

"Three Lions" logra esto a través de una cristalización brillante de lo que nos hace ingleses. Trata de ese distintivo nacional que es casi una parodia, de tratar de esperar con paciencia pero también con fervor. Habla acerca de la posibilidad de experimentar grandeza, pero también de una felicidad y una celebración que unifican. Trata sobre la empatía y la comunidad y el amor y la esperanza y los sueños. Eso es lo que nos hace humanos, y es lo que hace que "Three Lions" sea tan popular y tan perfecta.[4]

También pudieras considerar algunas de las palabras usadas en la discusión sobre la Copa del Mundo (por ejemplo: destino, suerte, redención).

Algunos otros factores contextuales a considerar: la ola de calor que estaba experimentando el país; las discusiones sobre Brexit y las renuncias de funcionarios gubernamentales de alto nivel; la inminente visita estatal del Presidente Trump.

Algunas estadísticas del periódico *The Sun*:

> [La derrota de Inglaterra en la semifinal contra Croacia] fue vista por 30,9 millones de personas en ITV. Solo la Copa del Mundo de 1966 y el funeral de la princesa Diana en el 1997 fueron vistos por más personas, pero ambos fueron transmitidos por la BBC y no por ITV. La audiencia para el juego en Croacia fue de 26,6 millones por ITV más otros 4,3 millones por Internet. Más del 80% de los televidentes de la nación vieron el juego, y un promedio de 24,3 millones lo vio desde la patada inicial hasta el pitido final. El total real podría ser mayor, ya que estos números no incluyen a las personas que lo vieron en lugares públicos.[5]

¿Quién lo escribió?

b. ¿Quién estaba detrás de la canción? ¿Qué sabemos acerca de ellos y de su trasfondo?

¿Quién lo lee?

c. ¿Cuál era la audiencia para la canción y cómo fue afectada? ¿Cómo luciría el mundo si este texto cultural lograra su propósito? ¿Cómo seríamos nosotros? ¿Cuál es el impacto y la influencia de este texto? ¿Las personas se lo creen o no?

Pregunta extra: Si te dijera que "Three lions" es un himno, y que la frase "Viene a casa" es un componente litúrgico, ¿cómo reaccionarías?

Pistas

Aquí hay un ejemplo de la reacción de los medios a lo que estaba pasando luego de la derrota en la semifinal:

> Inglaterra tuvo la historia en sus manos; a las 10:00 p.m. en Moscú podían visualizar su primera final de la Copa del Mundo desde el 1966... solo para verla escabullirse, dejando a esta ciudad histórica con los conocidos sentimientos de desesperanza y desilusión... Los años de dolor continuarán, y después de todo el optimismo que se produjo por lo que hizo Inglaterra en Rusia el mes pasado, permanecerá por mucho tiempo esa sensación de que perdimos una oportunidad (Phil McNulty, BBC).

Un tuit del equipo de Inglaterra el día después de la derrota:

> Para todos los que nos apoyaron.
> Para todos los que pensaron que esta vez sería diferente.
> Para todos los que no temen soñar.
> Para todos los que saben que esto es solo el principio.
> Gracias. Esperamos que estén orgullosos.
> #threelions

Escribiendo en el *Irish Times*, Ken Early dice que "Viene a casa" pasó de ser un chiste irónico a una predicción arrogante que motivó a los jugadores de Croacia:

"Viene a casa" comenzó como una broma autocrítica que luego envolvió rápidamente al planeta y pasó a ser menos autocrítica, algo que en última instancia ayudó a alimentar la furia croata que noqueó a Inglaterra. Al final, los ingleses eran los únicos que no se estaban riendo. Hoy pareciera que simplemente no pueden ganar, no importa lo que hagan, pero al menos esta vez lo hicieron un poco mejor que antes.

Antes de la semifinal, un estudio de tatuajes llamado New Identity publicó este anuncio en Facebook: "Para celebrar la llegada de Inglaterra a las semifinales, hemos decidido hacer tatuajes GRATUITOS de 'Viene a casa' durante toda esta semana".

El Centro Nacional Contra la Violencia Doméstica lanzó una campaña que decía: "Si le dan una paliza a Inglaterra, ellas también la recibirán" en anticipación de la semifinal. La campaña resaltaba el hecho de que la violencia doméstica era de un 26% cuando Inglaterra jugaba y de un 38% cuando Inglaterra perdía. La campaña mostraba el rostro de una mujer manchado con sangre el cual tenía la forma de la bandera de Inglaterra.

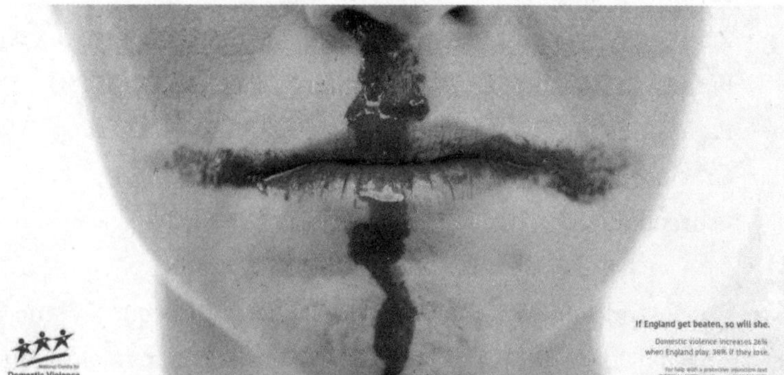

2. EXPLORAR: BUSCAR ELEMENTOS DE GRACIA Y LOS ÍDOLOS RELACIONADOS CON ELLOS

d. ¿Cómo está el "texto" interpretando y reinterpretando los mensajes de Dios en las sombras y los rayos de luz?

e. ¿Qué es verdadero, bueno, útil y hermoso acerca de esto, en términos de la gracia común de Dios? ¿Cómo se están suprimiendo y distorsionando estas cosas de maneras nocivas y destructivas?

f. ¿Está "Viene a casa" amplificando los mensajes de Dios y llevándonos de vuelta a Él, o está suprimiendo, silenciando y pisoteando los mensajes de Dios, llevándonos a un ídolo?

Pistas

Algunos temas a considerar: la comunidad, las experiencias colectivas, el hogar, el sentido de pertenencia, la identidad, la esperanza, la identidad nacional inglesa.

3. EXPONER: MOSTRAR QUE LOS ÍDOLOS SON FRAUDES DESTRUCTIVOS

g. ¿Cómo pudieras lograr que las personas se pongan a pensar acerca de la historia que cuenta este texto? ¿Cómo pudieras despertarlas de ese sueño? ¿Cómo pudieras apuntar a las "explicaciones pobres" del texto?

Pista obvia

Evidentemente, al final no llegó "a casa". ¿Cuáles repercusiones tuvo la derrota?

4. EVANGELIZAR: MOSTRAR QUE EL EVANGELIO DE JESUCRISTO ES "CUMPLIMIENTO SUBVERSIVO"

h. ¿De qué manera el evangelio confronta y conecta con este texto demostrando su cumplimiento subversivo? Sé concreto y específico.

Pista

Aquí hay un artículo muy útil escrito por Jonny Ivey para *Heirs Magazine* el 7 de julio, el día del partido de cuartos de final entre Inglaterra y Suecia:

> Nuestra percepción inglesa de nosotros mismos nunca es más evidente que durante los partidos más importantes de fútbol.
>
> El grupo The Lightning Seeds lo capta bien con su canción clásica... La psicología moderna diría que es un problema de autoestima. Somos muy pesimistas con nosotros mismos. Compáralo con la seguridad que muestran nuestros amigos americanos o australianos. Ellos no van a desperdiciar la oportunidad. Van a ganar. ¿Nosotros? Tal vez. Pero es probable que no.
>
> Un americano me dijo una vez que la cultura británica es humilde. Pero no debemos confundir la autoestima alta o baja con orgullo y humildad.
>
> La autoestima, ya sea alta o baja, se basa en el yo. En el orgullo. Se trata de nuestra habilidad o inhabilidad de alcanzar un estándar.

Y es cambiante. Cuando Inglaterra le ganó a Colombia*, de repente los comentaristas pasaron de ser totalmente negativos a cantar: "¡El fútbol viene a casa!".

La autoestima está basada en nuestro desempeño. La revista de deportes de la BBC lo ilustró bien publicando una foto de Gareth Southgate en Instagram. ¿Cómo la titularon? "Redención".

La autoestima es un juego precario. Nuestra condenación o redención depende de nuestro desempeño. O del fracaso [Southgate había fallado un penal contra Alemania en 1996]. Tal y como muestra la canción de The Lightning Seeds, nuestra percepción de nosotros mismos es totalmente inestable.

Ese no es el caso de nuestra identidad en Cristo. La gracia de Dios nos pone a todos en el mismo nivel. No hay ganadores ni perdedores en la iglesia. Todos éramos perdedores y ahora nos gloriamos en la victoria de Cristo (Col 2:15). Nadie entra debido a su buen desempeño ni es eliminado por su mal desempeño. Cuando somos obedientes, alabamos a Jesús por ese gozo. Cuando somos desobedientes, alabamos a Jesús en medio de nuestro

* Nota editorial: a nuestro querido autor se le olvidó mencionar que en este partido, Carlos Bacca metió un gol que fue anulado por equivocación del árbitro, quien dijo que habían dos balones en la cancha. Las repeticiones mostraron claramente que no. ¡¿Cómo podemos pensar en "cumplimiento subversivo" hablando con amigos sobre *ese* "texto" cultural?!

arrepentimiento porque seguimos estando vestidos con Su perfecta rectitud (2Co 5:21).

Así que esta noche, ya sea que Inglaterra gane o pierda, nuestra redención está asegurada. Nuestra identidad no cambia. Podemos celebrar sin orgullo. O decepcionarnos sin ser aplastados.[6]

i. Finalmente, piensa en los próximos pasos. ¿Cómo pudieras haber abordado a ciertas personas que conoces con este tema? ¿Cómo hubiera sido tu conversación? ¿Qué hubieras escrito en Facebook? ¿Cuáles otros medios de comunicación pudieras haber usado? ¿Cómo hubieras mantenido la conversación?

Ora por los temas y las personas que te han venido a la mente al hacer este análisis.

AQUÍ HAY ALGUNOS EJEMPLOS QUE HE PREPARADO...

Ya esta historia sobre la conexión cultural está llegando a su final. Ya has visto la lógica, la teología, los ejemplos bíblicos y hasta intentaste hacerlo tú mismo. Espero haberte persuadido de que eres capaz de conectar con tu cultura; y que, de hecho, *debes* abordar la cultura como parte de tu tarea de llenar la tierra y sojuzgarla, y para cuidarte de los ídolos. No estamos hablando de cosas meramente opcionales o deseables en la vida cristiana, sino de mandatos bíblicos que debemos obedecer.

En esta sección final, quiero mostrarte lo que puedes lograr al hacer un análisis cultural cristiano. Esta forma de conectar es necesaria para poder alcanzar el nivel de análisis académico que se hace en las universidades, donde suelen promoverse las cosmovisiones no cristianas.

No conozco a ningún profesor que disfrute corregir ensayos, pero la revisión del análisis cultural que le pido a mis estudiantes en la universidad teológica de Oak Hill ha llegado a ser casi agradable para mí. La mayoría de estos estudiantes nunca han hecho un análisis teológico y cultural, así que su asignación consiste en analizar un texto o tendencia del momento usando algunas de las herramientas que he descrito en este libro. Ellos pueden elegir lo que quieran. De los cientos de ensayos que he revisado, los temas han pasado de lo mundano y predecible a lo sublime y ridículo. Al tener cualquier grupo variado de estudiantes, uno sabe que le tocará ver trabajos buenos, malos y terribles. Sin embargo, puedo decir con honestidad que he aprendido algo nuevo de casi todos los ensayos. Es emocionante leer lo que escriben portadores de la imagen de Dios sobre aspectos de Su creación que muchas veces ni conozco, pero que igualmente pueden ser conectados con el evangelio y confrontados por él. Lo que es aún más emocionante es ver a estos discípulos de Jesús empezando a interpretar el mundo a través de unos lentes bíblicos más apropiados y enfocados.

Los cuatro ejemplos que siguen están basados en análisis estudiantiles que he recibido en años recientes. Los he editado y resumido usando las cuatro etapas que hemos visto: Entrar, Explorar, Exponer y Evangelizar.

Como notarás, leerlos es un paso más allá de lo que hemos visto hasta ahora en este libro, pero quiero decir dos cosas:

Primero, ¡no te asustes! No te estoy pidiendo que escribas un ensayo con notas al pie para yo corregirlo ni para que lo presentes formalmente a tus amigos y familiares. Eso sería ridículo. Sin embargo, sí te animo a que, al igual que mis estudiantes universitarios, puedas hacer el duro trabajo de empezar a ver y escuchar atentamente lo que está a tu alrededor, y que puedas ver el mundo a través de la Palabra para poder conectar y confrontar a tu cultura con el evangelio de Jesucristo.

Segundo, mi intención no es que leas esto y pienses: *¡Yo nunca podría hacer eso!* De hecho, mi esperanza es que sea justamente lo contrario. Mi meta es poder inspirarte a que veas lo que puede lograrse con un poquito de esfuerzo por entender la cultura. Quién sabe si al leer estos ejemplos se te ocurre cómo pueden ser completados y mejorados.

Habiendo dicho eso, soy consciente de que todos somos diferentes, con dones y fortalezas diferentes, y de que todos analizamos la cultura de maneras diferentes. Estos ejemplos son un poco más académicos, pero que eso no sea una excusa. Si suelen interesarte los comentarios sociales que tratan de entender las cosas con profundidad, entonces creo que le sacarás mucho provecho a estos ejemplos.

Puede que esto no sea lo tuyo, y eso está bien. Pero puede que sí lo sea. (Y ¿cómo vas a saberlo si no lo intentas?)

¡Abróchate el cinturón, asegura bien todo lo que pueda salir volando y prepárate para la aventura!

LIBROS DE COLOREAR PARA ADULTOS

Para una industria que ha estado luchando en los últimos años, esto fue un gran alivio. En el 2015, los libros de colorear para adultos cautivaron al mundo. Las ventas se dispararon en todo el planeta y las casas editoriales casi no podían ni creerlo.

Sin embargo, este éxito dejó a muchos comentaristas sociales anonadados. ¿Quién hubiera pensado que tantos adultos quisieran pasar su preciado tiempo libre coloreando? Nadie habría imaginado este fenómeno. De hecho, cuando la ilustradora escocesa Johanna Basford presentó su idea de un libro de colorear para adultos a un editorial en el 2011, la respuesta fue un silencio incómodo. ¿De verdad los adultos comprarían un libro titulado *El jardín secreto: Colorea y encuentra los tesoros perdidos?* Decidieron arriesgarse y lo publicaron en el 2013. Para marzo del 2015 se habían vendido más de diez millones de copias y había sido traducido a cuarenta idiomas. En poco tiempo, incontables casas editoriales estaban produciendo libros de colorear para adultos (LCA). Pero ¿por qué nadie se imaginó el éxito de esta moda? ¿Qué podría explicar la popularidad global de estos libros de colorear?

1. ENTRAR

Visita cualquier librería de cierto tamaño y encontrarás una exhibición de LCA. Sus títulos usualmente incluyen frases como "alivia tu estrés" o "cálmate al colorear", por lo que no es sorpresa que estos libros se encuentren cerca de recursos sobre la meditación, el yoga o la respiración rítmica. Al igual que con esas otras técnicas, las personas usan los LCA para tomar un descanso de sus vidas digitales y apresuradas, para desconectarse y enfocarse en el presente.

Pero hay diversas características de los LCA que los distinguen de otras técnicas para la meditación y la relajación. En primer lugar, son extremadamente accesibles. No hay que inscribirse en un gimnasio ni ver videos en Youtube. Colorear ni siquiera requiere de mucha energía; es fácil de hacer al final de un día largo mientras te tomas una taza de té en el sofá o en la cama. Solo se requiere un libro y unos colores, y si las librerías están lejos, los pides por Internet. En segundo lugar, si bien las técnicas de meditación animan a las personas a despertarse y aceptar las circunstancias en las que están, los LCA ayudan a las personas a escapar temporalmente de su mundo para soñar en uno diferente. Para poder entender cómo logran esto los LCA, vale la pena examinar los dibujos que se encuentran en sus páginas.

Es interesante notar que los dibujos raramente presentan la vida industrial y urbana. En cambio, la mayoría muestran mundos naturales y reinos encantados. Mientras escribo esto, los tres

LCA más populares en Amazon.co.uk son *Harry Potter*, *Reino animal* y *Bosque encantado*. Otros títulos populares son *Océano perdido*, *Jungla mágica* y *País romántico: Cocot, la tierra de los castillos hermosos*. El libro original de Basford, *El jardín secreto: Colorea y encuentra los tesoros perdidos* (Laurence King, 2013), sigue siendo el más popular de todos. Se describe como "Una maravilla en blanco y negro", un mundo idílico que puede ser "traído a la vida al colorearlo". Pero ¿por qué es tan popular?

Cuando la casa editorial de Basford decidió publicar *El jardín secreto*, sin darse cuenta conectó con un mercado masivo: personas cuyo mundo está "vibrando de ansiedad" y que están dispuestas a probar todo tipo de productos y técnicas para encontrar paz.[1]

La industria de la meditación ya ha servido a ese grupo, y dado que colorear es similar a algunas de sus técnicas estándar, los LCA encontraron a una audiencia lista para ellos. Sin embargo, aunque sus similitudes a las demás técnicas de meditación y relajación allanaron el camino para su aceptación, son sus diferencias las que explican su éxito. Cuando los LCA llegaron al mercado, algunos ya se habían cansado de las típicas prácticas de meditación. Como dijo alguien: "Por más que nos digan que meditemos y nos relajemos, 9 de cada 10 personas simplemente no podemos; lo intentamos y nos preguntamos si realmente funciona".[2]

La meditación no siempre produce el resultado deseado. En lugar de calmar la ansiedad, a veces la aumenta. Como dijo alguien más: "Enfocarte en tus sentimientos más profundos puede ser aterrador. Un estudio reciente mostró que, cuando se da la opción, las personas prefieren recibir electrochoques ligeros a quedarse solos con sus pensamientos".[3] Parece que la meditación empezó a ganarse la fama de ser difícil, y a veces incluso contraproducente.

Las debilidades de la meditación eran las fortalezas de colorear. Usar los LCA era fácil: la única destreza necesaria es una que todos aprendimos en edad preescolar. También le funcionaba a personas que se sentían incapaces de silenciar su mente, pues ofrecía "alivio y relajación sin la parálisis que puede causar una página en blanco".[4] Además, tenían la reputación de ser particularmente eficaces. "Algunas personas [insistían] en que los LCA [eran] un camino a ... una especia de nirvana psicológico".[5] El hecho de que algunos de esos testimonios salían de las mismas casas editoriales no disminuyó el entusiasmo de la gente. Estaban deseosos por probar esta técnica ellos mismos, y así fue que los LCA se convirtieron en todo un éxito casi de la noche a la mañana.

La popularidad de estos recursos "empujó a las casas editoriales a moverse rápido con tal de servir a los aficionados".[6] Para finales del 2015 ya estaban disponibles más de dos mil libros diferentes solo en los Estados Unidos, y con doce millones de copias vendidas, once millones más que el año anterior. En poco tiempo, las personas empezaron a crear canales de Youtube para enseñar cómo colorear, y Twitter e Instagram se llenaron de publicaciones de usuarios mostrando sus dibujos. Este pasatiempo incluso "dio lugar a sus propias subculturas, como fiestas para colorear". En resumen, "es difícil exagerar en cuanto al impacto de esta tendencia".[7]

Pero ¿cuál es la visión del mundo que presentan estos LCA? ¿Qué le enseñan a sus usuarios? Para poder responder esta pregunta, debemos recordar el hecho de que estos LCA, casi sin excepción, muestran mundos naturales inmaculados. Esto, combinado con el hecho de que están siendo mercadeados como productos terapéuticos, indica que el mensaje es que la paz se encuentra en un mundo donde las personas están en contacto con la naturaleza. Las similitudes entre los dibujos de estos LCA y los diseños de artistas modernistas del siglo diecinueve, como William Morris, apoyan este argumento. Los que formaban parte del modernismo habían sido profundamente influenciados por el romanticismo. Les incomodaba lo que percibían como la fealdad de una sociedad cada vez más industrializada, y anhelaban poder vivir más cerca de la naturaleza, donde podían encontrar libertad, verdad y belleza.

Por tanto, parece posible que los ilustradores de los LCA, al igual que sus predecesores del siglo veintiuno, crean que la salvación se encuentra escapando de la fealdad y la monotonía de la vida moderna. Los LCA animan a sus usuarios a soñar con un mundo natural idílico para poder lidiar con su ansiedad. Ese mundo es presentado como uno de libertad, no de opresión, y es uno donde la humanidad está rodeada de belleza, no de fealdad. Y es en ese mundo donde supuestamente hallarán descanso.

2. EXPLORAR

¿Cómo pueden los usuarios de los LCA apropiarse de la revelación de Dios? De manera positiva, está claro que ellos creen que fueron creados para vivir en una especie de jardín inmaculado; en un paraíso como el que vemos en Génesis 1 y 2: el jardín del Edén. Puede que no lo expresen con palabras, pero sus dibujos muestran que ellos perciben que esta creación ha sido manchada. Este anhelo por el paraíso es evidencia de que son seres creados a imagen de Dios.

De manera negativa, la mayoría de los que usan los LCA reconocen la existencia de un ser divino, pero no buscan salvación en Él, solo se enfocan en disfrutar su vida aquí y ahora. Según Charles Taylor, las personas seculares sienten que viven "sin rumbo en un universo anónimo y frío". Al haber cerrado la puerta a una realidad superior, se sienten como si estuvieran encerrados en una habitación muy pequeña, y acuden al arte para crear en sus mentes el espacio que les permita respirar y encontrar paz.[8]

Así que los LCA se usan como una válvula de escape; son varitas mágicas usadas para invocar viajes imaginarios a una utopía. Este intento por hallar paz en un paraíso natural imaginario muestra claramente que estas personas creen que la creación es más deseable que el Creador. No siguen tras los pasos del salmista, quien anhelaba "habitar en la casa del SEÑOR todos los días de [su] vida, para contemplar la hermosura del SEÑOR y [recrearse] en Su templo" (Sal 27:4). En cambio, ellos están convencidos de que su sed puede ser saciada por un mundo de misterio que existe en su imaginación.

Lo conveniente de este paraíso imaginario es que nadie tiene autoridad sobre ellos. Es una versión falsificada del Edén: un jardín donde Dios no camina. Las imágenes, como todos los ídolos que los hombres crean, son mudas, de modo que no imponen estándares morales sobre ellos. Por lo tanto, los artistas pueden crear su propio mundo y ser sus propios dioses. De esta manera, colorear puede incluso producir en ellos una extraña sensación de bienestar. Como dice Taylor: "Hay un sentido de paz [artificial] que experimentamos al estar a solas, resistiendo contra el 'universo ciego' que ha generado este mundo hostil". Dicho todo esto, podemos concluir que muchos adultos usan los LCA para "expandir su incredulidad". Al no estar dispuestos a aceptar la soberanía de Dios, y siendo incapaces de vivir como si un "universo totalmente plano" es todo lo que existe, usan los LCA como una vía alterna para sustentar su incredulidad.[9]

3. EXPONER

El problema es que, bajo los mismos estándares de estas personas, la utopía solo existe en la imaginación. Es una esperanza sin sustancia. Esto ha sido reconocido desde hace mucho tiempo por personas con trasfondos orientales que luego conocen a Cristo. El predicador japonés Taisei Michihata, por ejemplo, fue entrenado en un seminario budista antes de convertirse al cristianismo. Sus profesores hablaban frecuentemente de una tierra santa prometida, pero "siempre hablaban de las cosas como si solo existieran en nuestra imaginación, como reflejos de nuestros anhelos... Eran meras proyecciones de nuestras propias fantasías, resultados del arte religioso".[10]

Por lo tanto, ya que el anhelo por llegar a una tierra prometida no puede ser cumplido, según aquellos que solo creen en el aquí y el ahora, no tiene sentido usar los LCA para reducir la ansiedad. Si pasas tu tiempo contemplando un anhelo que nunca se cumplirá, el resultado lógico es la desesperación. Si aquellos que usan los LCA como una válvula de escape fueran coherentes, buscarían la paz no en colorear sino en la aniquilación. Después de todo, la aniquilación sería el único escape permanente de este mundo. En otras palabras, los LCA sugieren que es posible vivir en un reino edénico sin tener que renunciar a nuestra autonomía. Sin embargo, la realidad es que esa promesa viene directamente de la serpiente, y lleva primero a la desilusión y luego a la muerte.

4. EVANGELIZAR

¿Cómo es Cristo el cumplimiento subversivo de los anhelos de estas personas? Las Escrituras nos muestran que el sueño de una vida en un reino edénico puede llegar a ser una realidad. Sin embargo, no nos hablan de un paraíso donde el hombre es autónomo.

Más bien, nos hablan de un paraíso que Adán perdió por su deseo de ser soberano, y que ha sido recuperado por la sumisión del segundo Adán, Jesucristo, a Dios. Solo aquellos que se arrepientan de su deseo de ser soberanos y se sometan a Dios morarán algún día en Su paraíso restaurado, la nueva Jerusalén (Ap 21:9-21). Sus ciudadanos vivirán en armonía con la naturaleza en vez de estar en guerra contra ella, y como Dios habrá vencido a todos sus enemigos, serán verdaderamente libres (Is 11:6-9).

Así que ¿cómo se puede redimir este pasatiempo? Aquellos que se han arrepentido pueden usar los LCA como recordatorios del tipo de lugar que les espera, el cual ofrece esperanza a aquellos que se sienten agobiados por las aflicciones de este mundo. Colorear también puede ser útil para los cristianos que creen que en la eternidad serán espíritus sin cuerpos que estarán flotando en el cielo. Ese pensamiento erróneo sobre el paraíso puede disminuir su entusiasmo por la eternidad. Podemos usar los LCA para entender mejor la vida para la que hemos sido redimidos, algo que nos anima a perseverar en nuestro caminar con Jesús. Por último, los LCA pueden ser usados para recordar a los creyentes acerca de la belleza de Dios mismo. A medida que los creyentes reflexionan en la creación, pueden recordar la belleza, la creatividad y el poder de su Creador. En última instancia, colorear puede conducir a los creyentes a la adoración, puesto que: "Los cielos cuentan la gloria de Dios, el firmamento proclama la obra de Sus manos" (Sal 19:1).

LA OBSERVACIÓN DE AVES

Al ser una afición sana y apropiada para toda la familia, la observación de aves es un pasatiempo que es cada vez más popular. En este ensayo vamos a explorar qué está pasando en los corazones de las personas cuando observan aves.

1. ENTRAR

¿Qué dice?

Con más de tres millones de aficionados en el Reino Unido, la observación de aves es un *hobby* sencillo, popular y variado. En su centro está la "disposición a observar" con el fin de poder ver, nombrar y disfrutar las aves.[1] Esta actividad ocurre en jardines y patios, en el campo o en alguna reserva natural. De hecho, "los británicos están más obsesionados con las aves que cualquier otra nación en la tierra",[2] lo que se refleja en el número creciente de observadores de aves, desde los que nombran jilgueros en el jardín hasta los que conducen cientos de kilómetros para vislumbrar una garza poco común. La observación de aves no requiere de equipos especiales, aunque los binoculares son muy útiles. Los observadores de aves tienen sus propios binoculares o los piden prestados en las reservas para poder apreciar los detalles de las aves y así poder identificarlas. Esto les permite tener "intimidad: la dicha de poder observar sin ser observado".[3] La guía de campo o el "libro de aves" es una segunda herramienta importante que equipa a los observadores de aves de todos los niveles para poder identificarlas. Esto aumenta el disfrute de ver algo nuevo o diferente, y provee el lenguaje para compartirlo con amigos.

La conservación es una parte clave de la cultura de la observación de aves, ya que disfrutar de la naturaleza te lleva a preservarla. Esto lo expresan uniéndose a organizaciones benéficas como la American Birding Association [Asociación Americana de Observadores de Aves] o la Royal Society for the Protection of Birds [Sociedad Real para la Protección de Aves] (RSPB). Esta última tiene "una membresía significativa de más de un millón de personas que ayudan a influenciar las políticas nacionales de medio ambiente".[4] Los observadores de aves también son animados a ofrecer ayuda práctica en la conservación. Esto puede hacerse alimentando a las aves, participando en proyectos o firmando peticiones como la "Carta al futuro" de la RSPB.

¿Quién lo escribió?

Son muchas las influencias e ideas de los últimos doscientos años que han moldeado lo que hoy conocemos como la observación de aves. Es probable que el factor más significativo en el Reino Unido sea el surgimiento de la RSPB y su enfoque en entender y conservar las aves. La RSPB inició en 1889 cuando un grupo de mujeres afluentes quisieron luchar contra el uso de plumas y aves como accesorios de moda. Al mostrar el sufrimiento de los animales, lograron que la mayoría de personas pasaran de aprovecharse de las aves a entenderlas mejor y a protegerlas. La RSPB se ha convertido en "una de las organizaciones benéficas de conservación más grandes e influyentes de todo el mundo".[5]

Al mismo tiempo, la disciplina de la ornitología (el estudio de las aves) fue transformada por el zoólogo Julian Huxley a inicios del siglo veinte. En 1912 decidió dejar los estudios que hacía en los museos y pasó dos semanas observando aves en sus entornos naturales; y no solo descubrió muchos datos desconocidos sobre el grebe de cresta grande, sino que también tuvo "unas excelentes vacaciones".[6] Esto inspiró a otros a hacer lo mismo y, debido al trasfondo de Huxley en ciencia evolutiva, se vinculó la observación de aves con la biología evolutiva. Al proveer una explicación natural de lo que parecen ser patrones en la creación diseñados por Dios, la evolución Darwinista ha sido el pilar de los estudios biológicos en los últimos cien años, y ahora se asume en exhibiciones de museos y en documentales. El resultado es que los seres humanos ya no son vistos como algo separado del resto de la naturaleza, sino que han sido "quitados... de la cima de la creación".[7]

Una última tendencia fue el aumento en la cantidad de jardines urbanos en la Gran Bretaña del siglo veinte. La creación de cuatro millones de hogares con jardines entre 1920 y 1939 creó un hábitat semiboscoso para muchas especies de aves que ahora viven en medio nuestro. Este énfasis en los jardines fue la continuación de una idea victoriana de que debemos vivir cerca de la naturaleza para poder tener una buena calidad de vida.

¿Quién lo lee?

Dado este trasfondo, ¿qué se le está diciendo a los observadores de aves en cuanto a lo que deberían hacer, creer y pensar? ¿Cómo responden a eso?

Los observadores de aves que son famosos le dicen a otros observadores de aves que ellos mismos son parte de la naturaleza. Los seres humanos son solo "una especie más". De hecho, somos "monos sin pelo". Compartimos el medio ambiente con las aves, y nuestra historia es la misma historia evolutiva que la de las aves a nuestro alrededor. Cada forma de vida es considerada "igualmente válida, igualmente importante". Como parte de la naturaleza, nuestra primera necesidad es disfrutar de nuestro mundo. Las aves son vistas como una gran fuente de disfrute debido a que son parte de la naturaleza y a la vez son "criaturas distintas", que además parecen casi mágicas porque pueden volar. Las aves siempre se han percibido como algo particularmente asombroso en nuestro mundo natural: "Desde que los humanos empezaron a caminar erguidos, han podido... observar a las aves".[8]

Identificar los nombres de las aves aumenta este disfrute y ayuda a capturar nuestra imaginación. Un nombre también "demuestra la existencia de un concepto común". Al nombrar el ave, no solo podemos compartir la experiencia de verla con otros, sino que también sentimos que el ave ha compartido algo con nosotros; en esencia, que habitamos el mismo mundo. Por lo tanto, un observador de aves que avista un ave emocionante sabe que puede decir: "Veo el destello, y no tengo que preguntarme qué es. Y mi corazón salta de alegría".[9]

La segunda necesidad detrás de la observación de aves es la necesidad de reconectar con la naturaleza al cuidarla. Se nos dice que nos hemos convertido en la única especie que es diferente, pero por la razón incorrecta: le hacemos daño a la naturaleza. Conservar y alimentar a las aves es importante porque aparentemente nos redime de alguna manera, acercándonos a la naturaleza y llevándonos a beneficiarla en lugar de destruirla. Esta presentación de la conservación como una necesidad profunda es evidente cuando se habla de ella como una "religión, una cruzada moral y un compromiso político".[10]

Dentro de la cultura de la observación de aves hay señales tanto de cumplimiento como de rebelión contra estos mensajes. La creación de toda una industria de alimentación de aves —valorada en más de doscientos millones de libras esterlinas al año—, el crecimiento de la membresía de la RSBP a más de un millón de personas, y el aumento en la cantidad de programas de televisión acerca de la observación de aves muestran que hay cada vez más personas que quieren disfrutar y entender mejor a las aves.

Sin embargo, los observadores de aves tienen hábitos que no siempre agradan a la élite de los observadores. Algunas de estas celebridades lamentan el hecho de que muchas personas se quedan en el jardín para observar aves en lugar de salir; o lamentan la forma en que otros convierten la observación de aves en una competencia donde gana el que más aves haya visto.[11]

Interesantemente, la rebelión contra la narrativa dada se ve en la tendencia de asignar características humanas a las aves. Para muchos observadores de aves hay aves buenas, como el alionín, y aves malas, como la urraca. Esto hace que se vuelva a enseñar y enfatizar la narrativa "correcta" en los medios que usan los observadores de aves. Por ejemplo, Simón Barnes dice que las urracas "no están tratando de ser humanas", y que las personas necesitan entender que la naturaleza no está ahí para nuestro deleite; que somos parte de la naturaleza, no sus amos.[12] Se le enseña al observador de aves a verse a sí mismo como parte de un mundo que no tiene significado ni belleza, sino que simplemente es.

2. EXPLORAR

Si bien la observación de aves es producto de una cultura donde la mayoría no conoce a Dios, Su gracia común hace que en ella encontremos una revelación del amor de Dios por Su creación. Un ejemplo de esto es el gozo que las personas experimentan al ver la belleza del mundo creado. Es cierto que el corazón salta de alegría al ver la gloria de la creación, puesto que Dios le ha dado a todas Sus criaturas un mundo cuya belleza "sobrepasa por mucho cualquier obra de arte que los humanos puedan producir".[13]

Esta gracia común también se ve reflejada en el placer de identificar a las aves. Como dice Turnau: "Dios creó el mundo de manera que cuando hacemos cultura, creamos mundos de significado que compartimos y habitamos mutuamente".[14] De modo que ese significado que compartimos y disfrutamos al identificar y hablar sobre las aves es testimonio de la gracia de Dios al darnos la capacidad de ser creativos. Nuestro rol en la creación, el que Dios nos asignó, también se ve en el énfasis en la conservación. Esto concuerda con la insistencia de la Biblia en que el hombre fue colocado en el mundo de Dios para cultivarlo y cuidarlo (Gn 2:15). Tal mayordomía es parte de lo que significa ser humano, así que ejercer ese rol y cuidar de la creación es algo que nos da satisfacción.

Sin embargo, la narrativa que sustenta la observación de aves también es idolátrica. La respuesta a la provisión de Dios de un mundo hermoso es eliminar a Dios, el Protagonista principal de la historia, y "negarse a reconocer este hogar como un regalo".[15] Aun si se menciona a Dios, no se asume que es nuestro Creador soberano sino que es simplemente otra forma de uno referirse a los procesos naturales.[16] Los problemas en el mundo natural son atribuidos a la manera en que funciona la naturaleza o a las formas en que la humanidad está arruinando la creación, y nunca son vistos como una advertencia de parte de Dios.

La humanidad pecaminosa suprime los buenos mensajes de Dios una y otra vez. Les gusta borrar a Dios de la historia porque así eliminan la "necesidad de arrepentirse ante un Dios personal".[17] Podemos ver esto en la manera en que este gremio quiere hacer a los humanos iguales a las demás criaturas, en vez de abrazar el mensaje de Dios de que estamos en una posición especial con una gran responsabilidad sobre Su creación (Sal 8:6). Esto lleva a las personas a buscar "la fuente y provisión de lo que necesitamos, ya sea emocional o físicamente, en... algo diferente al Dios único y verdadero",[18] lo cual es idolatría.

Para los observadores de aves, esto implica encontrar significado en la evolución, que en sí misma siempre contiene connotaciones religiosas. Los ídolos son dioses falsos que quieren falsificar la identidad y el carácter del Dios verdadero. La evolución es una religión falsa que tiene una provisión en el pasado (la evolución de la vida) y un prospecto de bendición o maldición en el futuro (el clamor de la naturaleza), y ambos le dan forma a nuestra moralidad en el presente. Todo esto es una imitación de cómo luce una relación con el Dios verdadero.

3 & 4. EXPONER Y EVANGELIZAR

La naturaleza idolátrica del texto se evidencia en las maneras en que no puede ayudarnos a satisfacer nuestras necesidades reales. El deleite que experimentamos al ver un ave hermosa, ese momento en el que "ocurren el entretenimiento y el asombro",[19] puede ser adoración si estamos buscando una gloria no creada en las cosas creadas. Es por esto que no satisface, y lleva a la gente a buscar la siguiente ave asombrosa o a volverse competitivos. Este problema puede llevarnos a darnos cuenta de que "la obra de Dios en la creación... testifica que Él es la fuente de toda felicidad", y a procurar que nuestra alegría esté en contemplar a Dios y en conocerle.[20] La conservación también nos falla, puesto que suele hacerse con una actitud de desesperación o de hostilidad, como muestra el comentario de Barnes de que "vivimos en un mundo que va camino a un holocausto ecológico".[21] Sin embargo, la observación de aves debería enseñarnos que Dios provee para todas Sus criaturas (Mt 6:26) y que podemos ser administradores fieles de la creación en dependencia de un Dios que es soberano y bueno.

La narrativa de este pasatiempo también contiene contradicciones que no satisfacen. Un escritor dice que "la naturaleza no es hermosa: la naturaleza solo es", y en el mismo libro también pregunta: "¿Por qué nos sentimos tan atraídos a sus bellezas?".[22] Si no hay Dios, la única razón para buscar la belleza y la alegría es que "queremos creer que la [naturaleza] es más que... una estrategia de supervivencia evolutiva". Esa contradicción nos muestra que "sabemos que es más que eso, que nos apunta a una realidad espiritual más profunda".[23]

Esta narrativa nos invita a disfrutar las ricas bendiciones del mundo de Dios dejando fuera al Proveedor. Sin embargo, cuando observamos la naturaleza a través de los lentes de la Escritura, encontramos una historia que evidencia el estado caído del mundo y nuestro deseo de cuidarlo. Y encontramos al Dios que lo creó y nos colocó en él. Él es "la belleza espiritual que el mundo representa", y solo Él puede satisfacernos plenamente.

LOS ZOMBIES: "¡SON UN REFLEJO DE NOSOTROS!"

El 23 de octubre del 2011 los noticieros reportaron que unos tres mil zombis habían tomado control de las calles de Brighton, Reino Unido. Y, en un sentido, las noticias no eran falsas. La invasión era real... solo que los zombis no lo eran. En realidad, se trataba de tres mil fanáticos de los zombis que estaban participando de la nueva moda: las turbas de zombis. Gente de todas las edades y de todos los trasfondos se visten como zombis para andar por toda una ciudad. Un artículo decía: "Es la prueba más reciente... de que los muertos vivientes vienen por nosotros; al menos culturalmente". En las últimas cinco décadas hemos visto un incremento enorme de los recursos literarios que mencionan a los zombis. ¿Por qué resulta tan atractivo este fenómeno cultural?

En este ensayo enfocaremos nuestro análisis en el zombi del cineasta George A. Romero: el "RomZom". Sus películas incluyen *La noche de los muertos vivientes* (1968), *El amanecer de los muertos*

(1978) y *El día de los muertos* (1985). Romero es considerado el padre de las películas modernas de zombis. Twohy afirma que Romero "se aseguró de que los zombis no volvieran a ser vistos de la misma manera".[1]

1. ENTRAR

¿Qué dice?

Si bien la idea de los muertos alimentándose de los vivos no era exactamente nueva,[2] *La noche de los muertos vivientes* (1968) fue la primera película en implementar esto con los zombis. "*La noche*... introdujo los rasgos canibalísticos en la representación de los 'muertos vivientes'",[3] "creando una nueva clase de zombis que era significativamente más aterradora que las representaciones anteriores".[4]

El RomZom es "un cadáver lento, reanimado, hambriento de carne humana y que usualmente está acompañado de una turba",[5] "un monstruo macabro",[6] sin intelecto ni emociones.[7] Es presentado como algo que "infecta y amenaza a toda la raza humana",[8] zombificando a sus víctimas, usualmente en un contexto apocalíptico. De hecho, "más que cualquier otro monstruo, los zombis... marcan el fin del mundo que conocemos".[9]

Además, según Paffenroth, el RomZom fue diseñado para traspasar "el límite entre lo humano y lo subhumano".[10] Citando *La noche* como ejemplo, Wilson lo pone de esta manera: "Esta extraña película de terror... desdibuja los límites... entre la oscuridad y la luz", de tal manera que "el protagonista encuentra al verdadero monstruo" en su interior.[11] Y es aquí donde encontramos la intención de Romero. Él está preguntando: "¿Qué es un zombi inteligente, aparte de... un ser humano [esclavizado] a sus apetitos? ¿Y qué somos nosotros, si no... zombis ligeramente inteligentes, una tribu de caníbales lunáticos y autodestructivos que nos devoramos unos a otros?".[12]

¿Quién lo escribió?

Romero era un hombre que amaba la diversión. Durante un anuncio comercial de una de sus películas donde se burlaba de sí mismo, dijo: "Espero que se diviertan viéndolo".[13] Pero también era un hombre sospechoso que creía que nuestros vecinos son nuestros peores enemigos, y que las tres grandes cadenas televisivas de sus días eran "tres grandes mentiras... ahora hay 400,000 blogueros... que son 400 mil mentiras potenciales".[14] Él admitió haber utilizado sus películas para "expresar [sus] posturas políticas". Confesó de manera pesimista que "los humanos [en sus películas] son los [personajes] que más me disgustan... es allí donde está el problema. Los zombis son solo mosquitos".[15] Sus herramientas narrativas, como reservar el peor comportamiento para los personajes humanos, muestran la desconfianza de Romero en la humanidad, y nos llevan a preguntarnos nuevamente: "¿Qué somos?".[16]

Así que Romero quiere que los zombis expongan el estado de la humanidad, especialmente los males como el consumismo, el individualismo y el racionalismo. Como comenta Paffenroth: "Toda persona que vea películas de zombis debe estar lista para una profunda acusación en contra de la vida moderna en Estados Unidos".[17] De modo que el zombi es una metáfora de varios niveles, o un espejo que muestra la verdad sobre la humanidad.

¿Quién lo lee?

A pesar de las críticas iniciales en contra de *La noche* (1968), la película ha demostrado ser muy popular entre las diferentes culturas y generaciones. El siguiente extracto de *Varsity* resume bien la respuesta inicial.

> Hasta que la Suprema Corte no establezca guías acerca de la pornografía de la violencia, *La noche*... servirá como un ejemplo de lo que debería estar fuera de los límites... Esta película de terror... pone en duda la integridad y la responsabilidad social de sus... creadores... y la salud moral de las personas que optan por ver esta orgía de sadismo.[18]

Sin embargo, "los reseñadores empezaron a reconocer que la película no solo chocaba y disgustaba... sino que dejaba perplejos a quienes la veían y demandaba una respuesta más profunda".[19] Ya para cuando salió *El amanecer de los muertos* (1978), los críticos estaban analizando a Romero de manera detallada y académica.[20] Y al parecer los espectadores también estaban captando los mensajes de Romero. Harper describe cómo un fanático, que estaba en un centro comercial después de ver *El amanecer*, exclamó: ¡Mira! ¡Igual que en *El amanecer*! ¡Todos estos compradores parecen zombis caminando por todas partes!".[21] El aumento de películas de zombis en las últimas cuatro décadas demuestra el amplio atractivo del RomZom.[22]

Debido a la semejanza que hay entre el RomZom y el ser humano, este se ha convertido en un tema de investigación y debate entre filósofos. Ha fascinado a muchos académicos, como el Dr. Leaning de la Universidad de Winchester en el Reino Unido, quien ofrece un módulo sobre el zombi.[23] Los comentaristas de películas especulan sobre las diversas metáforas detrás del RomZom. En este ensayo consideraremos cuatro metáforas ofrecidas por

Michael Johnson, de *ReelSchool*: la disociación, la verdadera humanidad, la muerte y las plagas.[24]

Los temas de la disociación, las plagas y la muerte están relacionados. Johnson explica que el zombi refleja nuestros deseos de seguir siendo individuales al enfrentarnos a las presiones sociales, y de disociarnos o apartarnos de la multitud; las hordas incansables de zombis son una imagen de esas fuerzas que buscan contaminarnos con ideas. Dennett concuerda en que los zombis representan los proponentes de cualquier cosmovisión. Por ejemplo, los cristianos pueden ser considerados zombis porque presentan una amenaza; en este caso, la plaga sería el evangelio.[25] Esto tiende a estar unido al temor a la muerte y a la contaminación viral: el zombi es "una representación literal de nuestro futuro, forzándote a enfrentar tu temor... el cual va acercándose lentamente a ti: incansable, intransigente, imparable". Una vez más, el mensaje de Romero sale a relucir; Johnson dice que "uno de los aspectos más aterradores [del género zombi]... no tiene nada que ver con el monstruo que está afuera tratando de tumbar tu puerta; tiene todo que ver con el monstruo que está adentro. En un mundo posapocalíptico... las personas son libres para *ser quienes son en realidad*".[26]

Tal como sugiere Johnson, el atractivo de los zombis también refleja la fantasía humana de sobrevivir a un apocalipsis. Cole, por ejemplo, sugiere que las películas de zombis "reflejan nuestras fantasías posapocalípticas".[27] La turba zombi que mencionamos al inicio de esta sección nos da la oportunidad de vivir de alguna manera la fantasía apocalíptica, viendo cómo ellos presentan los "ataques" y las "conversiones". Los videojuegos también nos permiten ser los protagonistas de nuestro propio apocalipsis zombi.[28] Los organizadores de eventos Battlefield Live ofrecen experiencias apocalípticas más realistas debido a la alta demanda.[29]

Un artículo en cracked.com sugiere que la razón por la que esta fantasía nos resulta atractiva "es que ya no queda nadie que nos juzgue... el apocalipsis representa la liberación de una prisión".[30] Otro artículo ofrece cinco razones, y prácticamente todas surgen de nuestro deseo de ser autónomos.[31]

2. EXPLORAR

Habiendo descrito el texto cultural y su mundo, ahora podemos someterlo a nuestro análisis teológico.

Jonathan Edwards dice que al contemplar la revelación general (todo lo que nos rodea) podemos concluir que "... por naturaleza, toda la humanidad está en un estado de ruina total".[32] Romero ha llegado a la misma conclusión. En cierta forma, las películas de Romero acentúan la revelación de Dios sobre el verdadero estado de la humanidad. En este sentido, el zombi es el producto de la gracia común y la revelación general. El apóstol Pablo usa imágenes que nos recuerdan a los zombis para describir el comportamiento de humanos caídos que "siguen mordiéndose y devorándose" (Gá 5:15). De manera similar, Romero ve a la humanidad "mordiéndose y devorándose", presenta esta idea en el contexto de los zombis y básicamente nos dice: "*¡Son un reflejo de nosotros!*". Al establecer una causa para la maldad de los zombis y contrastarlos con los personajes humanos, él nos pregunta: "¿Cuál es la enfermedad que causa tu maldad?". Sus películas reconocen y proclaman que no deberíamos ser de esta manera, lo cual refleja lo que Dios ya nos ha revelado. La representación de Romero de la tendencia del hombre hacia el mal es una señal de la gracia restrictiva de Dios y de la revelación general.

Encarnar y magnificar la maldad de la humanidad de esta manera ha significado que los zombis, en contexto, funcionan de manera similar a la ley de Dios. Pablo escribe que "si no fuera por la ley, no [se] habría dado cuenta de lo que es el pecado" (Ro 7:7). Lutero compara la ley con un espejo "en el cual encontrarás lo que te falta y lo que debes buscar".[33] El zombi es como la ley, no como el evangelio: un espejo que muestra la necesidad de un salvador, pero que no lo ofrece. En cambio, Edwards escribe que "Cristo está directamente relacionado con esta ruina, pues es la cura para la enfermedad".[34] El zombi no llega tan lejos ni ofrece una alternativa, por lo que no ofrece ninguna esperanza.

Brockway sugiere que en el fondo de la fantasía apocalíptica está la autonomía. Este deseo de tener el control es la esencia de la idolatría, y se originó en el jardín del Edén cuando Adán y Eva decidieron comer del fruto. Esto quiere decir que nuestra fascinación con el apocalipsis zombi surge de nuestro deseo idolátrico de ser autónomos.

Pero puede que aquí esté sucediendo algo más. Davidson sugiere que la fantasía zombi mima otro anhelo: el ser liberados de la prisión de las ocupaciones de la vida y el trabajo. Esto nos recuerda el clamor de Lamec por su hijo Noé: "Este niño nos dará descanso en nuestra tarea y penosos trabajos" (Gn 5:29). Lamec anhelaba el final de su trabajo fatigoso, lo que muestra un deseo de ser liberado de la maldición. Tal vez somos cautivados por el apocalipsis zombi porque nos da esperanza de que habrá un final. El espíritu humano anhela un salvador que nos libere de la maldición y nos dé descanso. Sin embargo, en última instancia esta fantasía se convierte en idolatría, puesto que ve el apocalipsis como la salvación.

3 Y 4. EXPONER Y EVANGELIZAR

Hemos visto que el RomZom tiene varios niveles de significado que van mucho más allá de lo que Romero tenía en mente. Revela nuestra depravación; mima nuestros anhelos y nuestra idolatría, y nos provee un medio para exteriorizarlos. Esto es significativo, porque la audiencia que es persuadida por el RomZom no necesitaría ser persuadida para reconocer la inclinación pecaminosa de la humanidad. De hecho, este entendimiento podría hacer que sus corazones sean un terreno fértil para la semilla del evangelio. Además, el RomZom muestra lo que están anhelando —la vida, el descanso, el ser liberados de la maldición— y que se sienten atrapados y encarcelados. A través del zombi llegamos a la necesidad de un salvador, y así, a través del zombi, llegamos a Cristo: "Dios, que es rico en misericordia, por Su gran amor por nosotros, nos dio vida con Cristo, aun cuando estábamos muertos en pecados" (Ef 2:4-5).

EL INODORO DOMÉSTICO EN JAPÓN[1]

Las personas que viajan a Japón a menudo expresan su horror ante los inodoros asiáticos "en cuclillas", descritos frecuentemente —especialmente en los parques y las estaciones de tren— con "las cuatro K… *kiken* (peligrosos), *kitanai* (sucios), *kurai* (oscuros) y *kasai* (apestosos)".[2] Sin embargo, los viajeros suelen quedar impresionados con los inodoros con bidé incluido conocidos como Washlets, que pueden encontrarse tanto en casas como en lugares públicos como tiendas lujosas y hoteles.[3]

1. ENTRAR

¿Qué dice?

Chun describe esos inodoros de la siguiente manera: "Hay botones para subir la tapa y/o el asiento, botones para rociar la parte delantera o inferior, controles para ajustar la temperatura y las pulsaciones del agua. Muchos tienen secadores automáticos y asientos con calentador (para el invierno), y algunos tienen desodorizantes catalíticos que se activan electrónicamente y revestimientos de porcelana resistente a las manchas que permiten que el inodoro se limpie solo.[4] Muchos inodoros públicos para mujeres también tienen un dispositivo llamado la "Princesa del sonido", que activa el sonido del agua o alguna música para ahogar cualquier otro sonido penoso mientras los estén usando.[5]

Siempre que el espacio lo permita, un inodoro doméstico es colocado en otro cuarto aislado de la ducha. El área del inodoro cuenta con pantuflas especiales que uno debe colocarse al entrar. Aunque hay algunos japoneses que mantienen los inodoros "en cuclillas" en sus hogares por razones de salud y de higiene, la mayoría ya tiene inodoros con silla como los que usamos en Occidente. Y la mitad de los hogares japoneses ya tiene alguna especie de Washlet.[6] Si no incluye el calentador para el asiento, este probablemente tendrá alguna especie de protector para mantenerlo caliente. Este protector, la alfombra, la toalla, el protector de la tapa y el del papel de baño usualmente tendrán un color que refleje la temporada. El cuarto estará decorado con imágenes o con un calendario, y posiblemente con flores o piedrecillas. Pocas veces verás un librero. Es probable que la fragancia del ambientador sea la de un bosque.[7]

¿Quién lo escribió?

Al considerar el inodoro doméstico en Japón, veremos su ubicación en la casa, los conceptos sintoístas de pureza y seguridad, ideas sobre la belleza y la salud, y el uso de la tecnología.

La posición del inodoro depende de reglas elaboradas que vienen principalmente del *fengshui* chino, que a su vez se basa en la filosofía taoísta. La palabra *fengshui* se escribe con los caracteres que se usan para "viento" y "agua", y su objetivo es manipular el flujo de la energía vital causada por la interacción de los cinco elementos (agua, metal, fuego, tierra y madera) con el *yin* (la materia) y el *yang* (el espíritu).[8] Según esta creencia, seguir estas reglas debe resultar en salud y prosperidad para todos los miembros del hogar. Las reglas son tan complicadas, explica Kalland, que cumplir con el 80% de ellas al construir una casa es considerado un gran logro, pero luego se requieren otros rituales para prevenir calamidades.[9]

Las ubicaciones del agua corriente y de los inodoros "sucios", al igual que de las cocinas y las chimeneas, son especialmente importantes. Por ejemplo, se piensa que los inodoros que estén colocados en las secciones nororientales, suroccidentales y noroccidentales traerán efectos adversos a los miembros de la familia que estén asociados con esas secciones.[10] El *fengshui* sugiere que la tapa de un inodoro debe mantenerse cerrada para prevenir el escape de la fuerza vital, por lo que los sensores de un *Washlet* se abren cuando uno se acerca y se cierran cuando uno se aleja, representando así una nueva solución a un antiguo problema. Las flores o las piedrecillas en el cuarto del inodoro son un elemento de "tierra" que contrarresta el efecto del agua que "se va" por el inodoro, pues esta supuestamente se lleva fuerza vital y, por lo tanto, prosperidad.

Estas reglas que eran taoístas originalmente, provenientes de China, han sido incorporadas al folklore sintoísta, que es la tradición religiosa de los japoneses nativos. Ahora veremos una manera importante en la que el inodoro es influenciado por el sintoísmo.

El sintoísmo está muy enfocado en la pureza. La impureza surge de muchas acciones y circunstancias y, a diferencia del pecado, no siempre está conectada con la responsabilidad moral del ser humano. En muchas sociedades, la limpieza y la pureza se asocian con la seguridad, mientras que la impureza y la contaminación se asocian con el peligro. Por ejemplo, la gente suele lavarse la boca y las manos antes de ingresar a los lugares sagrados y de entrar de nuevo a las casas. Esta distinción entre lo que está "adentro" —considerado "limpio" y "seguro"— y lo que está "afuera" —considerado "sucio" y "peligroso"— es de vital importancia para los japoneses, quienes lo aprenden desde una edad muy temprana. Ilustra la famosa aseveración de Mary Douglas de que la impureza es "materia fuera de sitio, por lo que su remedio es el orden.[11] El inodoro es un lugar "sucio", y se "ordena" poniendo límites entre él y el resto de la casa, simbolizado por la colocación de las pantuflas. Esto también explica la preferencia por tener un inodoro separado del resto del baño.

La "suciedad" del baño explica el peligro asociado con él, y el cuidado que se tiene al ubicarlo. McElligott cuenta la historia de un vecino que estaba desesperado por encontrar el lugar donde estaba el baño en las cenizas de su casa (que se había incendiado y quemado por completo) porque él sentía que "el espíritu del inodoro" debía ser apaciguado para evitar otra calamidad.[12] Horan sugiere que la preferencia por un ambientador con olor a bosque en el baño se relaciona con el hecho de que los árboles *nanten* solían plantarse cerca de las letrinas para atraer a una criatura ficticia que ahuyentaba las pesadillas.[13] Al lanzar el Washlet en los años ochenta, la compañía TOTO apelaba en su publicidad a la obsesión japonesa con la limpieza, que en parte surge de la tradición sintoísta. Chun cita un video promocional de TOTO: "Los japoneses son una nación de personas a las que les gusta lavarse el trasero".[14]

Hay otros elementos del inodoro japonés que también son interesantes. Por ejemplo, ya vimos que parte de la decoración del cuarto del inodoro está conectada con el *fengshui*, pero hay otros elementos, como la decoración según la temporada, que reflejan el hecho de que los japoneses consideran que la naturaleza es hermosa. Muchos no han notado este énfasis de la cultura japonesa en la búsqueda de la belleza.[15] El Washlet también se ve como algo que promueve la salud. Algunos dicen que el lavado y secado anal ayudan a aliviar el estreñimiento y las hemorroides, y los modelos recientes pueden medir el azúcar en la orina, el peso corporal e incluso la grasa corporal.

Por último, el inodoro demuestra cómo los japoneses usan y mejoran la tecnología para lidiar con problemas causados por preocupaciones culturales, como el deseo de tener salud y "seguridad". Al distanciar al usuario de las funciones corporales, puede también verse como una forma de cubrir la vergüenza y asegurar la dignidad. El Washlet es una versión mejorada de un modelo americano de 1960 diseñado para ser usado en hospitales, así que es un ejemplo de cómo Japón es líder en la producción de objetos que son tanto prácticos como hermosos.[16] Lundell conecta esta búsqueda de la excelencia con un sentido de superioridad nacional y de perfeccionismo.[17]

¿Quién lo lee?

La visión de lo que significa ser un buen ser humano está implícita en mucho de lo que hemos dicho anteriormente. Tal persona está preocupada por la pureza y el orden, siendo la limpieza corporal una parte de esto. En Japón, la pureza de corazón no se define sobre la base de absolutos morales, sino que se expresa —como sugiere McElligott— en “sinceridad”, algo que conlleva hacer las cosas “de la manera correcta” según las prácticas establecidas y aceptadas.[18] La sinceridad también se muestra al uno hacer el esfuerzo por comportarse con cortesía y empatía. Tales comportamientos preservan la armonía en las relaciones entre los humanos y el resto de la creación.

De modo que ofrecer un lugar limpio y seguro donde se puedan satisfacer las necesidades básicas de orinar y defecar, además de preservar la dignidad del ser humano, es un acto de cortesía hacia los demás. Hacer esfuerzos por colocar el inodoro en el lugar apropiado refleja una preocupación por traer salud y prosperidad al hogar, pero también por vivir en armonía con el cosmos y por mantener contentos a los espíritus ancestrales y comunitarios. El que vive bien también procura la belleza, y es sensible a las estaciones y a la naturaleza. Cuida la salud como para no causar preocupación o molestia a otros. Usa la tecnología para servir a los humanos y al medio ambiente.

2. EXPLORAR

Esta cosmovisión cree en la bondad básica de la humanidad, y en la bondad y la abundancia de la naturaleza. También asume una continuidad entre los elementos humanos y no humanos de la realidad, incluyendo a los muertos (quienes “siguen con nosotros” de alguna forma), y una miríada de espíritus que habitan en Japón y lo protegen.

Aunque los japoneses comparten hasta cierto punto la narrativa moderna del progreso científico y social (como puede verse en su adopción de las tecnologías), tienen una visión más profunda del tiempo que no es lineal. El tiempo es un momento presente que se evapora constantemente, y también es un ciclo. El pasado siempre está presente, pero también es olvidado.[19] La influencia taoísta significa que, para los japoneses, el tiempo no es siempre igual: hay días y años favorables y desfavorables. La filosofía taoísta está centrada en la armonía y la pureza. La humanidad tiene un rol en la preservación de la armonía, pero el rol del destino, "como salen las cosas", es mayor. En esta cosmovisión, los humanos existen como parte de un cosmos que está en armonía, pero la idea bíblica de ellos ser especiales de alguna manera —apartados y con autoridad sobre los otros elementos— es rechazada.

En el inodoro japonés vemos cierta preocupación por la familia, la comunidad y el medio ambiente, lo que refleja algo de la buena creación de Dios de la humanidad a Su imagen. Las primeras personas fueron creadas para estar en una relación con los demás, y para trabajar y mantener el lugar donde vivían (Gn 1:27; 2:15, 18). El deseo de hacer que hasta el inodoro sea hermoso es más evidencia de esto.

Por otro lado, la revelación de la gracia común es suprimida cuando la salud, la prosperidad y la seguridad —señales de la bendición de Dios por las cuales deberíamos agradecerle— no son recibidas de esa manera. Más bien, son vistas como cosas que deben alcanzarse con manipulación y técnicas humanas. Sus ideas sobre la impureza, el peligro y la vergüenza por las funciones corporales reflejan cierto entendimiento de que las cosas no son como deberían ser, pero cualquier noción de la ira de un Creador santo también es suprimida. Una vez más, las tecnologías humanas, ya sea el antiguo *fengshui* o los dispositivos modernos, son usados para lidiar con lo "peligroso".

En los inodoros japoneses encontramos un enfoque en la tecnología, la salud, la limpieza y la seguridad. Estos fueron dados por Dios como medios para controlar y subyugar la tierra, haciéndola un mejor lugar donde vivir, en salud y prosperidad. Sin embargo, las obsesiones que rodean la limpieza y la tecnología en el caso del inodoro japonés muestran que se han convertido en ídolos.[20]

3 & 4. EXPONER Y EVANGELIZAR

Contrario a lo que establece el taoísmo, debemos afirmar que todo tiempo y espacio es igual, porque todos estamos igualmente bajo el señorío de Cristo (Mt 28:18). Contrario a lo que creen los japoneses sobre su unicidad, y hemos visto algunas evidencias de esto, necesitamos afirmar que Dios ha creado todas las naciones, y promete que habrá representantes de todas las naciones en la nueva creación (Hch 17:26; Ap 7:9). Las necesidades expresadas por la cosmovisión japonesa son tanto subvertidas como cumplidas en el evangelio de Jesucristo.

La obsesión con la tecnología, la limpieza y la seguridad es en sí misma una demostración de que estos ídolos no nos pueden satisfacer, ni tampoco pueden sustituir a Dios. El evangelio ofrece un corazón limpio y puro en el sentido más profundo, de tal forma que no sentimos nada de vergüenza, ni siquiera ante un Dios santo (Heb 10:19-22). Si bien el *fengshui* ofrece, como máximo, un 80% de protección contra las calamidades que pudieran afectar un hogar, la necesidad humana de estar a salvo solo puede ser completamente satisfecha en Dios, quien es un refugio para Su pueblo (Sal 46:1). Los anhelos incumplidos de tener salud y prosperidad en este mundo son débiles y fútiles en comparación con la vida eterna y la herencia imperecedera que se nos ha prometido en la nueva creación (1P 1:3-4). Las Escrituras prometen un lugar de belleza, abundancia y armonía que sobrepasa por mucho los deseos más profundos de los japoneses por estas cosas. Solo los cristianos pueden hablar correctamente de la armonía, la paz y la reconciliación, puesto que solo los cristianos conocen al Dios que produce armonía; primero en nuestra relación con Él, luego en nuestras relaciones unos con otros, y finalmente en nuestra forma de relacionarnos con toda la creación (Ro 5:1; Is 11:6-9).

NOTAS DE TEXTO

INTRODUCCIÓN

1 https://www.theguardian.com/music/2015/jun/10/miley-cyrus-i-dont-relate-to-being-boy-or-girl.

2 Anthony Thwaite, https://www.spectator.co.uk/2015/06/oh-dear/. Usado con permiso.

1. ¿QUÉ ES LA CULTURA?

1 Edward Jewitt Robinson, *The Daughters of India: Their Social Condition, Religion, Literature, Obligations, and Prospects* [*Las hijas de la India: Su condición social, religión, literatura, obligaciones y posibilidades*] (T. Murray, 1860), 131.

2 J. H. Bavinck, citado en Paul Visser, *Heart for the Gospel, Heart for the World: The Life and Thought of Reformed Pioneer Missiologist Johan Herman Bavinck (1895-1964)* [*Un corazón por el evangelio, un corazón por el mundo: La vida y el pensamiento del primer misiólogo reformado Johan Herman Bavinck (1895-1964)*] (Wipf&Stock, 2003), 286.

3 James Sire, *Naming the Elephant* [*Nombrando al elefante*] (InterVarsity Press, 2015), 112.

4 El filósofo en cuestión es Charles Taylor, quien ha descrito más que nadie esta forma de pensar sobre lo secular. No es fácil de leer. Si estás interesado, consulta James K.A. Smith, *How (Not) to Be Secular: Reading Charles Taylor* [*Cómo (no) ser secular: Leyendo a Charles Taylor*] (Eerdmans, 2014).

5 *Abraham Kuyper: A Centennial Reader* [*Los escritos de Abraham Kuyper: Edición de centenario*], ed. James D. Bratt (Eerdmans, 1998), 488.

2. LA HISTORIA DE LA CULTURA

1 John M. Frame, *The Doctrine of the Christian Life* [*La doctrina de la vida cristiana*] (Presbyterian and Reformed, 2008), 857

2 Henry Van Til, *The Calvinistic Concept of Culture* [*El concepto calvinista de la cultura*] (Baker, 2001), 200.

3 J. H. Bavinck, "Religious Consciousness" ["Conciencia religiosa"], J. H. Bavinck, *The J. H. Bavinck Reader* [*Los escritos de J. H. Bavinck*], ed. John Bolt, James D. Bratt y P. J. Visser, trad. James A. De Jong (William B. Eerdmans Publishing Company, 2013), 279.

4 Greg Beale, *We Become What We Worship* [*Nos convertimos en aquello que adoramos*] (IVP, 2008), 16.

5 Jonathan Leeman, *Political Church: The Local Assembly As Embassy of Christ's Rule* [*La iglesia política: La asamblea local como embajada del gobierno de Cristo*] (Apollos, 2016), 14, 92.

6 Bavinck, citado en Brian G. Mattson, *Restored to Our Destiny: Eschatology and the Image of God in Herman Bavinck's Reformed Dogmatics* [*Restaurados a nuestro destino: La escatología y la imagen de Dios en la dogmática reformada de Herman Bavinck*] (Brill, 2011), 5.

7 Brian Mattson, *Cultural Amnesia* [*Amnesia cultural*] (Swinging Bridge Press, 2018), 33-34.

3. LA CULTURA EN FORMA DE HISTORIAS

1 J. H. Bavinck, *The Church Between Temple and Mosque* [*La iglesia entre el templo y la mezquita*] (Eerdmans, 1966), 33.

2 Grant Horner, *Meaning at the Movies* [*El significado en el cine*] (Crossway, 2010), 47..

4. "¿PUEDO VER...?"

1 Un libro realmente bueno que muestra estos patrones es Christopher Watkin, *Thinking Through Creation* [*Analizando la creación*] (P&R, 2017).

2 C. S. Lewis, *The Weight of Glory* [*El peso de la gloria*] (HarperCollins, 2009), 91-92.

3 Mike Cosper, *The Stories We Tell* [*Las historias que contamos*] (Crossway, 2014), 52.

4 John Calvin, *Institución de la religión cristiana*, 3.11.1.

5 Glynn Harrison enfatiza este punto en *A Better Story* [*Una mejor historia*] (IVP, 2016).

6 Cal Newport enfatiza este punto en *Deep Work: Rules for Focused Success in a Distracted World* [*Trabajo profundo: Reglas para el éxito enfocado en un mundo de distracciones*] (Paitkus, 2016).

7 John Piper, "Twelve questions to ask before you watch *Game of Thrones*" ["Doce preguntas que debes hacerte antes de ver *Juego de tronos*"], https://www.desiringgod.org/articles/12-questions-to-ask-before-you-watch-game-of-thrones

8 Ver Andrew David Naselli y J. D. Crowley, *Conscience: What It Is, How to Train It, and Loving Those Who Differ* [*La conciencia: Qué es, cómo entrenarla y amar a quienes difieren*] (Crossway, 2016).

7. TE TOCA: CONEXIÓN CULTURAL PARA DISCÍPULOS

1 Un excelente libro sobre el arte de hacer preguntas penetrantes es Greg Koukl, *Tactics* [*Tácticas*] (Zondervan, 2009).

2 Tomado de Daniel Strange, "Reflections on Gospel Contextualization" ["Reflexiones sobre la contextualización del evangelio"] en Timothy Keller, *Loving the City* [*Amando la ciudad*] (Zondervan, 2016), 94.

3 Ted Turnau, "Popular Culture, Apologetics and the Discourse of Desire" ["La cultura popular, la apologética y el discurso del deseo"], *Cultural Encounters 8:2* [*Encuentros culturales 8:2*] (Nov. 2012), 25-46.

4 Gary Parkinson, "It's Coming Home: Why Three Lions is such an important song in English football culture" ["Viene a casa: Por qué 'Three Lions' es una canción tan importante en la cultura del fútbol inglés"], https://www.fourfourtwo.com/features/its-coming-home-why-three-lions-such-important-song-english-football-culture.

5 https://www.thesun.co.uk/world-cup-2018/6694139/how-many-watch-world-cup-2018-viewing-figures-england-croatia/.

6 https://heirsmagazine.com/blog/the-world-cup-england-and-you.

LIBROS DE COLOREAR PARA ADULTOS

1 Zoe Williams, "Adult Colouring-in Books: The Latest Weapon against Stress and Anxiety" ["Libros de colorear para adultos: El arma más reciente contra el estrés y la ansiedad"], https://www.theguardian.com/books/2015/jun/26/adult-colouring-in-books-anxiety-stress-mindfulness.

2 Eloise Keating, "Businesses Turn to Colouring Books for Employees: Are They the Key to a Stress-Free Workplace?" ["Las

empresas recurren a libros de colorear para los empleados: ¿Son la clave para que un lugar de trabajo esté libre de estrés?"]. En línea: http://www.smartcompany.com.au/people-humanresources/leadership/46363-businesses-turn-to-colouring-books-for-employees-are-they-the-key-to-a-stress-free-workplace/.

3 Matthew Hutson, "People Prefer Electric Shocks to Being Alone With Their Thoughts" ["La gente prefiere las descargas eléctricas a estar a solas con sus pensamientos"], http://www.theatlantic.com/health/archive/2014/07/people-prefer-electric-shocks-to-being-alone-with-their-thoughts/373936/.

4 Julie Beck, "The Zen of Adult Coloring Books" ["El zen de los libros de colorear para adultos"], http://www.the-atlantic.com/health/archive/2015/11/sorry-benedict-cumberbatch-your-head-is-fine/414010/.

5 Heather Schwedel, "Coloring Books for Adults: We Asked Therapists for Their Opinions" ["Libros de colorear para adultos: Pedimos a los terapeutas sus opiniones"], https://www.theguardian.com/lifeand-style/2015/aug/17/coloring-books-adults-therapists-opinions.

6 Sarah Halzack, "The Big Business behind the Adult Coloring Book Craze" ["El gran negocio detrás de la moda de los libros de colorear para adultos"], https://www.washingtonpost.com/business/economy/the-big-business-behind-the-adult-coloringbook-craze/2016/03/09/ccf241bc-da62-11e5-891a-4ed-04f4213e8_story.html.

7 Thu-Huong Ha, "America's Obsession with Adult Coloring Is a Cry for Help" ["La obsesión de los adultos estadounidenses con los libros de colorear es un clamor por ayuda"], http://qz.com/650378/the-sad-reason-american- adults-are-so-obsessed-with-coloring-books/.

8 Charles Taylor, *A Secular Age* [*Una era secular*] (Harvard University Press, 2007), 64, 71, 307, 309.
9 Taylor, *A Secular Age*, 306.
10 Bavinck, *Bavinck Reader*, 135-136.

LA OBSERVACIÓN DE AVES

1 Simon Barnes, *How to Be a Bad Birdwatcher: To the Greater Glory of Life* [*Cómo ser un mal observador de aves: Para mayor gloria de la vida*] (Short Books, 2004), 16. Es interesante notar que la observación de aves es un pasatiempo mucho más popular de lo que uno asumiría. De hecho, la versión más intensa, a menudo llamada "*twitching*", no debe considerarse algo que hacen solo los "mejores", sino aquellos que son más competitivos y lo disfrutan más (21).
2 TV: Stephen Moss y Susie Painter, *Birds Britannia 1: Garden Birds* [*Las aves Britannia 1: Aves de jardín*] (BBC 4 7/11/10), 0.04.
3 Barnes, *How to Be a Bad Birdwatcher,* 48.
4 Peter Holden y Tim Cleeves, *RSPB Handbook of British Birds* [*Manual RSPB de aves británicas*] (A&C Black, 2008), 6.
5 Holden y Cleeves, *RSPB Handbook,* 6.
6 Julian Huxley, "The Courtship Habits of the Great Crested Grebe" ["Los hábitos de cortejo del gran zampullín crestado"], *Proceedings of the Zoological Society of London 84 (1914)* [*Actas de la Sociedad Zoológica de Londres 84 (1914)*], 492.
7 Kirsten Birkett, *The Essence of Darwinism* [*La esencia del darwinismo*] (Matthias Media, 2001), 119.
8 Barnes, *How to Be a Bad Birdwatcher,* 154, 63, 30, 29.
9 Barnes, *How to Be a Bad Birdwatcher,* 83, 85.
10 Barnes, *How to Be a Bad Birdwatcher,* 191.
11 Por eso Bill Oddie dijo: "Para mucha gente no hay nada más que aves de jardín"; ver TV: Stephen Moss y Susie Painter, *Birds*

Britannia 1, 1.34. Y Simon Barnes escribe que los *twitchers* "no son la ortodoxia... no son lo que los observadores de aves quieren ser en el fondo de sus corazones". Ver Barnes, *How to Be a Bad Birdwatcher,* 21.

12 Barnes, *How to Be a Bad Birdwatcher,* 153-154.

13 Stephen J. Nichols, *Jonathan Edwards: A Guided Tour of His Life and Thought* [*Jonathan Edwards: Un recorrido guiado por su vida y pensamiento*] (P&R, 2001), 169.

14 Theodore A. Turnau III, "Equipping Students to Engage Popular Culture" ["Equipando a las estudiantes para conectar con la cultura popular"], 135-157 en *The Word of God for the Academy in Contemporary Culture(s)* [*La Palabra de Dios para la academia en la(s) cultura(s) contemporánea(s)*] [reimpreso con los números de página 1 - 28], editado por John B. Hulst y Peter Balla (Karoli Gaspar Reformed University Press, 2003), 4.

15 Ted Turnau, "Reflecting Theologically on Popular Culture as Meaningful" ["Reflexionando teológicamente sobre la cultura popular como algo significativo"], *Calvin Theological Journal* [*Revista teológica de Calvino*] 37 (2002), 289.

16 "Dios, o la evolución, o como quieras llamar al proceso, ha producido estas dos especies diferentes". Barnes, *How to Be a Bad Birdwatcher*, 39.

17 Turnau, "Reflecting Theologically on Popular Culture as Meaningful", 290.

18 Scott J. Hafemann, *The God of Promise and the Life of Faith: Understanding the Heart of the Bible* [*El Dios de la promesa y de la vida de fe: Entendiendo el corazón de la Biblia*] (Crossway, 2001), 35.

19 Turnau, "Equipping Students to Engage Popular Culture", 8.

20 Nichols, *Jonathan Edwards,* 170.

21 Barnes, *How to Be a Bad Birdwatcher,* 151.

22 Barnes, *How to Be a Bad Birdwatcher*, 154, 159.

23 Turnau, "Equipping Students to Engage Popular Culture", 23.

LOS ZOMBIES: "¡SON UN REFLEJO DE NOSOTROS!"

1 Margaret Twohy, "From Voodoo to Viruses: The Evolution of the Zombie in Twentieth Century Popular Culture" ["Del vudú a los virus: La evolución del zombi en la cultura popular del siglo veinte"], tesis de Maestría (Trinity College Dublin, 2008), 13.

2 El regreso de los muertos para comerse a los vivos ha estado en la conciencia del hombre desde hace mucho tiempo. *La epopeya de Gilgamesh* contiene estas palabras: "Resucitaré a los muertos y se comerán a los vivos. ¡Haré que los muertos superen en número a los vivos!". Citas de Stephanie Dalley, *Myths from Mesopotamia: Creation, the Flood, Gilgamesh, and Others* [*Mitos mesopotámicos: La Creación, el Diluvio, Gilgamesh y otros*] (Revised, Oxford University Press, 2009), 80.

3 Tony Williams, *The Cinema of George A. Romero: Knight of the Living Dead* [*El cine de George A. Romero: El caballero de los muertos vivientes*] (Wallflower Press, 2003), 12.

4 Twohy, "From Voodoo to Viruses", 15.

5 Twohy, "From Voodoo to Viruses", 15.

6 James B. Twitchell, *Dreadful Pleasures: An Anatomy of Modern Horror* [*Placeres espantosos: Una anatomía del terror moderno*] (Oxford University Press, 1985), 267.

7 Kim Paffenroth, *Gospel of the Living Dead: George Romero's Visions of Hell on Earth* [*El evangelio de los muertos vivientes: Las visiones del infierno en la tierra de George Romero*] (Baylor University Press, 2006), 12.

8 "Zombie (fictional) - Wikipedia, the free encyclopaedia" ["Zombi (ficción) - Wikipedia, la enciclopedia libre"], https://en.wikipedia.org/wiki/Zombie.

9 Paffenroth, *Gospel of the Living Dead*, 8.

10 Paffenroth, *Gospel of the Living Dead*, 8.

11 Eric G. Wilson, *Secret Cinema: Gnostic Vision in Film* [*Cine secreto: La visión gnóstica en el cine*] (Bloomsbury Academic, 2006), 121.

12 Paffenroth, *Gospel of the Living Dead*, 7.

13 "*Survival of the Dead* George A. Romero Introduction" ["Introducción de George A. Romero a *La resistencia de los muertos*], 2010 [citado el 13 de noviembre de 2011]. En línea: http://www.youtube.com/watch?v=9sGx0gTVkqM&feature=youtube_gdata_player.

14 "Diary of the Dead—George A. Romero interview" ["El diario de los muertos: Entrevista a George A. Romero"], 2007 [citado el 13 de noviembre de 2011]. En línea: http://www.youtube.com/watch?v=ljOVL8lCV_Q&feature=youtube_gdata_player.

15 "10 Questions for George Romero" ["10 preguntas para George Romero"] [citado el 13 de noviembre de 2011]. En línea: http://www.time.com/time/magazine/article/0,9171,1992390,00.html.

16 Paffenroth, *Gospel of the Living Dead*, 12.

17 Paffenroth, *Gospel of the Living Dead*, 21.

18 Paffenroth, *Gospel of the Living Dead*, 27. Irónicamente, pero por razones diferentes, ¿no era esta la intención de Romero: poner en duda la salud moral de los espectadores?

19 Paffenroth, *Gospel of the Living Dead*, 28.

20 Paffenroth, *Gospel of the Living Dead*, 28.

21 Harper, "Zombies, Malls, and the Consumerism Debate: George Romero's *Dawn of the Dead*" ["Los zombis, los centros comerciales y el debate sobre el consumismo: *El amanecer de los muertos*

de George Romero"], *Americana: The Journal of American Popular Culture* [*Americana: La revista de cultura popular americana*] (1990-presente) 1 (2002), http://www.americanpopularculture.com/journal/articles/fall_2002/harper.htm.

22 "The Internet Movie Database (IMDb)" [La base de datos de películas en Internet (conocido como IMDb por sus siglas en inglés)] [citado el 13 de noviembre de 2011]. En línea: http://www.imdb.com/. Además de los muchos títulos estadounidenses, Canadá ha producido *Parásitos asesinos* (1975) y *Rabia* (1977); Nueva Zelanda / Reino Unido produjo *Muertos de miedo* (1992); está *Mi novia es un zombi* (1994) de Italia; *Versus* (2000) de Japón; *Exterminio* (2002) y *Muertos de risa* (2004) de Inglaterra; y *[Rec]* (2007) de España.

23 John Sudworth, "Zombie Craze Continues to Infect Popular Culture" ["La locura zombi continúa infectando la cultura popular"] [citado el 13 de noviembre de 2011]. En línea: https://www.bbc.co.uk/news/uk-15418899.

24 Michael Johnson, "The Meaning of the Zombie" ["El significado del zombi"], YouTube [citado el 13 de noviembre de 2011]. En línea: http://www.youtube.com/watch?v=_nyEQplt9Nc.

25 "Dan Dennett on Dangerous Memes" ["Dan Dennett sobre los memes peligrosos"], video en TED.com [citado el 13 de noviembre de 2011]. En línea: http://www.ted.com/talks/lang/eng/dan_dennett_on_dangerous_memes.html.

26 Johnson, "The Meaning of the Zombie", énfasis mío.

27 Liz Cole, "GreenCine | Zombies" ["GreenCine | Zombis"] [citado el 13 de noviembre de 2011]. En línea: http://www.greencine.com/static/primers/zombies1.jsp.

28 Jamie Russell, *Book of the Dead: The Complete History of Zombie Movies* [*Libro de los muertos: La historia completa de las películas de zombis*] (FAB Press, 2005), 171.

29 "Latest News—Battlefield LIVE Pembrokeshire" ["Últimas noticias: Battlefield LIVE Pembrokeshire"] [citado el 13 de noviembre de 2011]. En línea: http://www.battlefieldlivepembrokeshire.co.uk/news.shtml.

30 "Why We're Obsessed with the Apocalypse" ["Por qué estamos obsesionados con el apocalipsis"] [citado el 13 de noviembre de 2011]. En línea: http://www.cracked.com/blog/why-were-obsessed-with-apocalypse/.

31 "5 Reasons You Secretly Want a Zombie Apocalypse" ["5 razones por las que deseas secretamente que suceda un apocalipsis zombi"] [citado el 13 de noviembre de 2011]. En línea: http://www.cracked.com/article/136_5-reasons-you-secretly-want-zombie-apocalypse/?wa_user1=1&wa_user2=Weird+World&wa_user3=article&wa_user4=recommended.

32 R. C. Sproul, *Willing to Believe: The Controversy Over Free Will* [*Dispuestos a creer: La controversia sobre el libre albedrío*] (Baker Books, 2002), 145.

33 Martín Lutero, *A Treatise on Good Works* [*Un tratado sobre las buenas obras*] (The Floating Press, 2009), 91.

34 Sproul, *Willing to Believe,* 145.

EL INODORO DOMÉSTICO EN JAPÓN

1 Esta podría parecer una elección bastante extraña. La he incluido como un ejemplo de un análisis intercultural, algo crucial en nuestro mundo diverso y conectado. Como verán, lo que en Occidente consideraríamos un proceso funcional y completamente alejado de la "religión", otras culturas lo consideran algo profundamente "religioso". Piensa en ejemplos similares que podrían aplicarse a tus vecinos católicos, musulmanes o budistas.

2 Rose George, *The Big Necessity: Adventures in the World of Human Waste* [*La gran necesidad: Aventuras en el mundo de los desechos humanos*] (Portobello Books, 2008), 53.

3 Washlet es el nombre para los productos de este tipo fabricados por la empresa TOTO. Chun cita cifras internas indicando que el Washlet por sí solo representó el 32% de sus ventas de "inodoros con asiento" y el 38% de todas las ventas de "inodoros con asiento" en Japón en 1997. Allen Chun, "Flushing in the Future: the Supermodern Japanese Toilet in a Changing Domestic Culture" ["Vaciando en el futuro: El inodoro japonés supermoderno en una cultura doméstica cambiante"], *Postcolonial Studies* [*Estudios poscoloniales*] 5 (2002), 159.

4 Chun, "Flushing in the Future", 158.

5 Anteriormente, las mujeres vaciaban continuamente los inodoros para disimular estos ruidos, así que se desarrolló el dispositivo "Sound Princess" ["Princesa del sonido"] para ahorrar agua. Santosh M. Avvannavar y Monto Mani, "A Conceptual Model of People's Approach to Sanitation" ["Un modelo conceptual del método popular de saneamiento"], *Science of The Total Environment* [*La ciencia de todo el medio ambiente*], Vol 390, *Issue* 1 (2008), 9.

6 George, *The Big Necessity*, 59.

7 Julie L. Horan, *The Porcelain God: A Social History of the Toilet* [*El dios de porcelana: La historia social del inodoro*] (Robson Books, 1996), 137.

8 Richard Craze, *Feng Shui: A Complete Guide* [*Feng Shui: Una guía completa*] (Hodder & Stoughton, 1997), 4, 17-18.

9 Arne Kalland, "Houses, People and Good Fortune: Geomancy and Vernacular Architecture in Japan" ["Las casas, las personas y la buena fortuna: La geomancia y la arquitectura vernácula en

Japón"], *World Views: Environment, Culture, Religion* [*Vistas del mundo: Medio ambiente, cultura, religión*], Vol 3, 1 (1999), 46-47.

10 Kalland, "Houses, People and Good Fortune", 35, 40.

11 Mary Douglas, *Purity and Danger: An Analysis of Concepts of Pollution and Taboo* [*Pureza y peligro: Un análisis de los conceptos de contaminación y tabú*] (London: Routledge, 2002), 50.

12 Patrick McElligott, Conferencia sobre religiones japonesas en Oak Hill College, 5 de abril de 2008.

13 Horan, *The Porcelain God,* 137.

14 Chun, "Flushing in the Future", 154.

15 Incluyendo Alan Macfarlane, en *Japan Through the Looking Glass* [*Japón a través del espejo*] (Profile Books, 2007), 218.

16 George, *The Big Necessity,* 51.

17 Peter N. Lundell, "Behind Japan's Resistant Web: Understanding the Problem of Nihonkyo" ["Detrás de la red resistente de Japón: Entendiendo el problema de Nihonkyo"], *Missiology* [*Misiología*], 23/4 (1995), 410.

18 McElligott, *Japanese Religions*, 2008.

19 Macfarlane, *Japan Through the Looking Glass,* 147.

20 Richard Keyes, "The Idol Factory" ["La fábrica de ídolos"] en *No god but God: breaking with the idols of our age* [*Ningún dios sino Dios: Rompiendo con los ídolos de nuestra época*], ed. Os Guinness y John Seel (Moody, 1992), 45.

COALICIÓN POR EL EVANGELIO es una hermandad de iglesias y pastores comprometidos con promover el evangelio y las doctrinas de la gracia en el mundo hispanohablante, enfocar nuestra fe en la persona de Jesucristo, y reformar nuestras prácticas conforme a las Escrituras. Logramos estos propósitos a través de diversas iniciativas, incluyendo eventos y publicaciones. La mayor parte de nuestro contenido es publicado en www.coalicionporelevangelio.org, pero a la vez nos unimos a los esfuerzos de casas editoriales para producir y colaborar en una línea de libros que representen estos ideales. Cuando un libro lleva el logo de Coalición, usted puede confiar en que fue escrito, editado y publicado con el firme propósito de exaltar la verdad de Dios y el evangelio de Jesucristo.

TGC | COALICIÓN